夜回り先生 いじめを断つ

Osamu Mizutani
水谷 修

日本評論社

はじめに

日本で、いじめを大きな社会問題として最初にとらえたのは、一九八六年の「中野富士見中学いじめ自殺事件」でしょう。東京都中野区の中学校で日常的に暴力を受けていた当時中学二年生の生徒が、自死しました。彼の残した遺書には、「このままじゃ生き地獄になっちゃうよ」と書いてありました。後に、学校の教室で「葬式ごっこ」まで行われており、それに、担任も含む四人の教員が荷担していたことが明らかになりました。さらに、担任教員らによる生徒たちへの口止めなど、事件の隠蔽《いんぺい》工作が明らかになり、かかわった教員と校長が処分されました。

私はその当時、神奈川県横浜市立高校の教員をしていましたが、クラスのホームルームや担当する社会科の授業で、事件を報じた新聞等を資料に使いながら、何度も生徒たちにいじめ問題について語りました。いじめは、学校では絶対にあってはならないことだと、生徒たちに教えました。この時、同様に教室でいじめについて熱い授業を展開した教員は、たくさんいたはずです。

また、当時の文部省（現・文部科学省）も、教育委員会も、警察も速やかに動きました。この事件にかかわった諸機関の人たちや保護者たちをはじめ、日本の多くの教員の心は一つだったと思います。このような哀《かな》しい事件を二度と起こしてはならない。そのためにも、学校におけるいじめの連鎖を断ち切ろう。

しかし、その想いは実りませんでした。あの哀しい事件以来、わが国では枚挙に暇《いとま》がないほどのいじめ事件が発生し、多くの子どもたちの尊《とうと》い命が失われています。

小学校でも、中学校でも、高等学校でも、学校は第一に学習の場であります。日々の授業を通して、子どもたちの明日をつくるために必要な知識や技術を学び、体力を養《やしな》ってもらう場です。それと同時に、いずれ社会に出るために必要な社会常識や作法を身につける場でもあります。また、親たちから子どもたちの命を預かる場でもあります。

そうである以上、学校は子どもたちにとって、もっとも安全で笑顔があふれる、過ごしやすい場でなくてはなりません。その学校が、今や子どもたちにとって、もっとも危険で過ごしにくい場になってしまっています。

私は、いじめによって子どもを亡くした何人かの親たちと、ずっと行動をともにしています。彼らは子どもを亡くして何年経っても、自分を責めています。

「先生、子どもからいじめの相談を受けた時に、がんばれ、逃げるなといわなかったら、あの子は死ななくてすんだのに」「先生、子どもが学校に行きたくないと哀しい目で私にいった時、そんなことしていたら高校に進学できなくなるでしょと、無理やり学校に行かせてしまった。あの時、休ませてあげていたら」

こんな話を聞くたびに、私はその学校の先生たちに怒りを感じてしまいます。

「いったい、あなたたちは何をやっていたんだ」と。

二〇一一年一〇月一一日、滋賀県大津市の当時中学二年生の男子生徒が、自死しました。校長や教員などの学校当事者だけでなく教育委員会まで、教育現場は不適切な対応を続けた結果、ついには県や国、それどころか警察やマスコミまでを巻き込み、多くの国民がその動向に注視する事態にまで広がっています。しかし、いまだに関係したすべての人たちから、この少年への謝罪の言葉はないままです。これは、あまりにもむごい事態です。なぜ、こんなことになってしまったのか。

また、この事件に関してはあるテレビ局のミスから、加害者とされている子どもたちの実名が流れ、家族についての個人情報や写真までがネット上にさらされました。その結果、その子どもたちの兄弟が通学できなくなったり、親が仕事を失ったり、離婚することになってしまいました。また、ある有名人は怒りのあまり、事件とはまったく関係ない人の情報を、きちんと確認しないままに加害者の関係者としてブログに書き込みました。そのことによって、訴《うった》えられています。

これらは、大変な人権侵害であると同時に、いじめそのものです。決して許されることではありません。このテレビ局をはじめ、これらにかかわった人間はその責任を問われ、罰せられる必要があります。


私は、高等学校で二二年間教員生活を送りました。数多くのクラスの担任をし、また、生徒指導の担当として、多くの問題を抱える子どもたちとともに生きてきました。その教員生活を振り返って誇れることがあるとするならば、それは、いじめによって不登校になったり、心を病んだり、あるいは自死を遂《と》げてしまう生徒を一人も出さなかったことです。教員としては当然のことなのですが。

こんなことがありました。夜間定時制高校で担任をしている時ですが、一人のひ弱な生徒が、暴走族の幹部をしている生徒に、パシリと呼ばれる使いっ走りをさせられていました。加害者の生徒を呼んで話をすると、彼はこう答えました。「あいつは弱い。俺が守らなければ、他のクラスのやつらがいじめる。だから守ってやっている。

俺に守ってもらっている以上、俺のために働くのは当たり前だろう」私は、彼にいいました。「わかった。君のいうとおりだろう。ところで、君は担任である私に守られている。守ってもらっている以上、君には私のパシリをやってもらおう」彼はしばらく下を向いていましたが、ただひと言「わかった」といいました。それから、彼らはなかなかの良い友だちになりました。今もその関係は続いています。

そんな私は、今、いじめの問題についてマスコミで報道されたり、テレビなどで発言している教育の専門家を自称する人たちの見解に、大きな違和感を抱いています。これはマスコミに関してだけではありません。政府や県、市の、いじめに対する考え方や対処にも、強い違和感を覚えています。みんながいじめについて、その本質を何も知らないままに動いている。そう感じています。

私は、いじめはこの国から、教育現場であるすべての学校から、断つことができると確信しています。そのためには、いじめとはいったい何なのか、なぜいじめが発生するのか、さらに、家庭や学校でどう対処したらいいのか、それをきちんと考える必要があります。まさに、そのためにこの本を書きます。

この本を読んで、多くの関係機関の人が、多くの先生たちが、多くの親たちが、何より多くの子どもたちが、いじめの連鎖を断つために動いてくれることを祈ります。

二〇一二年九月

水谷《みずたに》　修《おさむ》

目次

第二章　いじめと呼ばれる犯罪の背景

第三章　いじめの背景にある子ども自身の問題

第四章　いじめがもたらすもの

第五章　いじめにどう対処するか

夜回り先生　いじめを断つ

第一章

いじめとは何か

1．文部科学省のいじめの定義

＊曖昧《あいまい》で不親切な定義

二〇〇七年一月、当時の安倍晋三内閣のもとで、文部科学省はいじめに対する定義を見直しました。それが、現在も、政府による公式のいじめの定義とされています。それは、

《「いじめ」とは、「当該児童生徒が、一定の人間関係のある者から、心理的、物理的な攻撃を受けたことにより、精神的な苦痛を感じているもの。」とする。なお、起こった場所は学校の内外を問わない。》

一見すると、明確な定義に思えますが、じつは、まったく意味不明の定義です。それどころか、こんなに人をばかにした定義はないでしょう。この定義を一つひとつ見ていきましょう。

まずは、「心理的な攻撃」です。

これは具体的に何を、どんな状況を指しているのでしょうか。一定のだれかに「死ね」「学校に来るな」「ここにいるな」などという。あるいは、ネットに実名を出して書き込む。これらはたしかに、いわれた子どもや書き込まれた子どもにとっては重大な「心理的な攻撃」を受けたことになるでしょう。でも、これはいじめというより、立派な犯罪です。実際にこうした行為によって、逮捕された子どもたちもいます。

しかし、たとえば、シカトと呼ばれる無視、あるいは悪口や陰口をいうこと。これらはどうなのでしょうか。これらも、いじめに相当する「心理的な攻撃」なのでしょうか。私たち大人の社会でも、これらは日常的に存在することです。この本を読んでいるみなさんも、だれかを無視したことはあるでしょうし、だれかの悪口や陰口をいったこともあるはずです。私もあります。これらは倫理的、あるいは道徳的には重大な問題といえますが、いじめなのでしょうか。

人はだれしも、好き嫌いがあります。悪口や陰口をいって中傷することは決して良い行為とは思いませんが、だれかを無視する権利は、大人だけでなく子どもたちにもあるはずです。これらまでいじめにしてしまったら、よほどの聖人君子でない限り、だれもがいじめをしている人になってしまうでしょう。こうしたことが、この文部科学省の定義では不十分で曖昧なため、よくわかりません。

次に、「物理的な攻撃」です。これもわけがわかりません。だれかを殴《なぐ》ったり蹴《け》ったりしてけがを負わせることを意味するのでしょうか。でも、これはいじめではなく、立派な傷害罪で刑法犯です。いかに、子どもであっても、警察による捜査のうえで、家庭裁判所での審理を経て、その罪を償《つぐな》い、鑑別所や少年院などの施設で矯正《きょうせい》のための教育を受けることとなります。

お金や物を奪うことでしょうか。これも窃盗や強盗、あるいは恐喝罪となる立派な犯罪です。

それでは、わざと体をぶつけたり、相手を叩《たた》いたりすることでしょうか。じつは、これも一般社会であれば、立派な犯罪です。

もう一つ、「精神的な苦痛」という部分です。「精神的な苦痛」がいじめなら、けがをさせられた、金品を脅《おど》し取られたといった時に受ける「物理的な苦痛」はどうなるのでしょうか。これはいじめではないのでしょうか。

たぶんこの解釈には、「物理的な苦痛」を受けていれば、必ず「精神的な苦痛」も受けているはずという想定があると同時に、「物理的な苦痛」の場合は、即犯罪行為になるため、あえて明記しないという判断があったのでしょう。しかし、この定義も不親切で意味不明です。

＊「学校は聖域」という縄張り意識

最後に、この定義における一番問題の部分を指摘します。

それは、「一定の人間関係のある者から」という部分です。この「一定の人間関係のある」というのは、同じ学校やクラス、部活に所属するという意味なのでしょうか。

たとえば、町で私が通りがかりの人に「死ね」としつこくいったり、殴ってけがをさせれば、それは、いじめではなく犯罪です。警察によって逮捕され、取調べを受け、裁判所で裁《さば》かれ、刑務所で罪を償うこととなります。

でも、自分と相手との間に「一定の人間関係のある」場合は犯罪でなく、いじめになってしまうのでしょうか。これは、おかしいと思います。「一定の人間関係」どころか親子の間でも、家庭でこのような行為をすることは、犯罪として裁かれます。

どうですか。文部科学省のいじめに対する定義を読み解くことによって、ある意図が透けて見えませんか。それは、人権を守る機関である法務省や犯罪に対処する機関である警察庁を、いじめ問題に関与させたくないというものです。学校という聖域には、自分たち以外だれも入れないという傲慢《ごうまん》さを感じます。こう感じるのは、私一人でしょうか。

じつは、大津市のいじめ事件もそうですが、いじめとして私たちの前に現れてきた事件のほとんどは、いじめというより犯罪なのです。その事実を学校関係者や教育委員会、果ては、文部科学省も認めたくない。だから、今回は警察などが介入することになりましたが、学校現場に他の機関を介入させたくないのです。これが、わが国のいじめをなくすことができないもっとも大きな原因だと、私は考えています。

2．学校におけるいじめとは何か

＊夜回り先生流、いじめの定義

学校におけるいじめとは何なのでしょうか。私の定義を書きます。それは、《学校において、意図的に、ある児童・生徒に対して、精神的苦痛を与えること》です。具体例をあげましょう。

ある児童・生徒が気に入らないからという理由で、ノートや鞄《かばん》、机《つくえ》や上履《うわば》きを隠したり、あるいは、その生徒の展示している作品や名札に落書きしたりすること。さらに、思いつきではなく、その生徒を精神的に追い込もう、苦しめようとする意図を持って、シカト、つまり無視をしたり、ひどい情報を他の生徒に流したりする行為のことです。いじめとは、これ以上でもこれ以下でもなく、まさにこの範囲の行為を意味するものです。

私たち教員は、このような事態が起きないように、日々子どもたちに対して指導を続けています。また、いったんこのような事態が起きた場合は、その仲裁に入ります。加害者には自分のしたことに対して、被害者にきちんと謝罪させ、健全な仲間関係を再構築できるように動きます。親にも報告をし、加害者の親から被害者の親に対して、きちんと謝罪してもらいます。

*学校現場で解決できるいじめとは

夜間定時制高校の教員時代に、こんなことがありました。

一年生の担任をした時、クラスの中に元気が良くて生意気でわがままな生徒がいたのですが、体育の授業中に彼の着替えた洋服がなくなりました。しかも一度ならず何度も。そのたびに、彼はキレていました、「これをやったやつを見つけたら、ただじゃおかないぞ」と。

私は生徒指導部の先生たちを彼のまわりに配置し、犯人を捜しました。見つけました。おとなしい何の問題もない生徒が、洋服を隠したのです。私はこの生徒を生徒指導室に呼んで事情を聞きました。この生徒は泣きながら、「僕は中学の時、彼のような突っ張ったやつにいじめられて、不登校になった。彼の格好や態度を見て、いじめたやつらを思い出した。憎《にく》くて、憎くて……。だから仕返しをした」と話してくれました。私は生徒に聞きました。「君をいじめたのは、彼ですか？」生徒は首を横に振りました。「君のやったことは、君が受けたのと同じいじめですよ」という私を前に、さらに大きな声で泣きました。私は、「謝《あやま》ろうな。先生も一緒に謝るから」と伝えました。

洋服を隠された彼に、私たちは必死で謝りました。生徒の両親とともに彼の家まで行って、この生徒が昔いじめられていたこともきちんと話しながら、何度もみんなで頭を下げました。彼は許してくれました。それどころか、「お前をいじめたやつの名前をいえよ、俺がシメてやる」といって聞きません。困ったことでしたが、私は苦笑《にがわら》いでした。

私がこのような自分の経験を書いたことには、理由があります。この程度が、いやこの程度までが、学校における、いじめなのです。私たち教員が、学校という現場で、自分たちの力だけで、解決しなくてはならないいじめなのです。

本来、これはいじめというより、学校における不健全な人間関係と呼ぶべきものでしょう。

＊差別は、いじめである

私が、夜間定時制高校でよく生徒たちにいった言葉があります。この言葉は、いつも同窓会で話題になります。生徒たちにとっては、それほど衝撃的な言葉だったのでしょう。私は生徒指導部の部長でもありましたから、いつも始業式では、全校生徒を前に話をしなくてはなりませんでした。その場で、必ずこの言葉を伝えました。

「全校生徒のみなさんにいっておきたいことがあります。日本は本来、差別の存在しない国のはずです。しかし、差別はたくさん存在します。

私たち夜間定時制高校に対しても、差別の意識を持っている人がたくさんいます。定時制高校について何も知らないくせに、みなさんが定時制高校に通っているというだけで、あいつはできないやつ、だめなやつという人たちもいます。就職する時でも、定時制高校の生徒は問題を持った子どもだと、はなから相手にしてくれない企業もあります。哀《かな》しいことです。

差別というのは、いじめです。言い換えれば、私たち定時制の人間は、残念ながら、いじめられている人間でもあります。そんな私たちの中に、いじめは決してあってはならない。むしろ、社会から差別というをいじめを受けている仲間として、同志として、互いを大切にしながら、このような差別やいじめをなくすように戦わなくてはならないのです。この学校でのいじめは、一切許しません。絶対にあってはなりません」

3．いじめは、人権侵害

＊子どもの人権を尊重するとは

日本国憲法は、国民主権、平和主義、基本的人権の尊重を三本の柱としています。基本的人権の尊重は、大人から子どもまで含めた、すべての国民に保障されている権利です。具体的には、どのようなことなのでしょうか。

こう説明すればいいでしょう。大人も子どももすべての国民は、だれからも何かを強《し》いられることなく、命、財産、名誉を、きちんと国によって守られながら、自分の意思によって毎日生活でき、自分の人生を生きられること。

もっと簡潔に説明すれば、すべての国民は、大人であれ子どもであれ、平和で安全な社会や環境の中で、幸せに生きる権利、すなわち幸福になる権利を持っているということでしょう。

それでは、その基本的人権を侵《おか》されること、人権侵害とは、どういうことでしょうか。この問題を扱う法務省では、要約すると「特定の人の人権を侵害する違法な行為」という内容のことを定めています。つまり、ある児童・生徒が他の児童・生徒に対して、暴力をふるう、金品を要求する、「死ね」とか「学校に来るな」と脅す。これらは、立派な人権侵害に当たります。

法務省は、その人権侵害の規定の中に虐待《ぎゃくたい》などとともに、いじめをきちんと入れています。しかし、この国の多くの教育専門家や学校関係者は、そのことをまったくといっていいほど理解していません。いじめという行為が、他者の幸福になる権利を奪う重大な人権侵害であるということをしっかりとらえている人はほとんどいません。まず、今までのわが国の学校におけるいじめに関する事案で、法務省の人権擁護局に相談したり、その報告を学校や教育委員会が自らしたことは皆無ですし、いじめの事案に人権擁護局が介入した事例もいじめの発生件数から見れば、微々たるものです。

*学校からいじめを根絶できない理由

この実情を見て私は、子どもたちの人権がもっとも守られなくてはならない学校で、子どもたちの人権がもっともおろそかにされていると考えます。

いじめは、たとえ悪口や陰口であれ、その行為に、相手を傷つけようとする意図があれば、相手の心に一生消えない傷を残す可能性のある人権侵害です。それを、普段からきちんと教えることが学校と教員の義務です。そして、そのような事態が起きないように、クラスを運営することが、学校と教員の仕事です。

それでも、万が一、そのような事態が起きた時は人権擁護局に通報し、その問題の背景や原因を第三者の立場から、家庭や学校の在り方もきちんと検証してもらい、その問題の解決に当たるとともに、そのようなことが二度と起きないように対策を講じる。これは、絶対にしなくてはいけないことです。

でも、今までほとんどの場合、これが無視されてきました。ここに、わが国の学校からいじめを根絶できない大きな理由の一つを見ます。

4. いじめは、犯罪

＊いじめによる暴力や恐喝は犯罪

今回の大津市のいじめ事件を見てみましょう。正確な事実関係は警察が捜査中ですから、いずれ明らかになるでしょう。その日が待たれます。

ここでは、マスコミで報道されている、この中学校の生徒たちからの全校アンケート調査に書かれた内容を見てみましょう。「はちまきで首を絞めていた」「トイレで殴ったり蹴ったりしていた」「万引きしてくるようにいっていた」「お金をせびっていた」たくさんの子どもたちが答えてくれた中から、いくつかを書き出してみました。

もしも、私が町に出て、見知らぬだれかに、これらの暴力行為や恐喝行為をやったらどうなるでしょう。明らかです。警察に逮捕され、そして犯罪者として裁かれることとなります。

でも、先に述べたように、学校内という一定の人間関係のある中でならば、犯罪にはならず、いじめになるのでしょうか。本質的には、これらのことは紛《まぎ》れもなく、いじめではなくて犯罪なのです。

＊早期の通報が大事を防ぐ

また、犯罪には、それを知った人に対して、告知義務があります。犯罪の事実を知りながら警察に通報しないことは、それ自体も犯罪です。

さらに、罪を犯した者を警察に通報せずにかくまえば、犯人蔵匿《はんにんぞうとく》の罪にも問われます。少し極端な例ですが、みなさんの友人がお酒を飲んだ帰りに、通りがかりの人とぶつかり口論から喧嘩《けんか》になったとします。友人はその人を殴ったところ、打ちどころが悪かったのか相手は死んでしまいました。もしも、このことを警察に通報しなかったら、みなさんはどうなるでしょうか。まず間違いなく、犯人をかくまった罪で逮捕されることになります。

今回の大津市のいじめ事件でも、生徒たちのアンケートがすべて真実であるなら、そのアンケートの内容を知りながら警察に通報しなかった教員、校長、教育長、教育委員会の職員は、すべて逮捕されてもおかしくない事案です。

じつは、私のもとに、この中学校の生徒十数人からの相談メールが届いています。その中の一通をここに書きます。

「夜回り先生、私は、大津市のいじめ事件の中学の生徒です。彼がいじめられていたことは、いつも見ていました。だから、先生たちのアンケートに一生懸命思い出して答えました。でも、校長先生は、いじめはなかったって。

先生、私はどうしたらいいのですか。私がもっと早く、彼がいじめられてたことを校長先生たちに話せばよかったのですか。私が話していれば、死なんなくてすんだのですか。死にたい。助けて」

この相談以来、この子とはずっとかかわっています。あのアンケートが、そのあとの先生たちや校長と教育委員会の対応が、子どもたちを深く傷つけています。どうやって償ってくれるのでしょうか。たぶん償うことは、当事者である彼らにはできないでしょうが……。

これまで日本で、たくさんのいじめを原因とする自死が起きています。でも、そのいじめの実態は、先に述べたように犯罪です。

しかも、ほとんどのケースでは、その子どもの周辺にいる大人たちはいじめの存在に気づいています。でも、子ども同士のことだ、いじめだから大事に至らないと、自分を納得させています。その結果として、このような悲劇を生んでいます。被害者である子どもが自死する前に、親であれ、教員であれ、気づいた大人が警察に通報していれば、その命を守ることはできたのです。

＊犯罪には警察の力を借りる

私が夜間定時制高校の生徒指導部の部長だった時、こんな事件が起きました。

ある日、一人の男子生徒が真っ青になって私のもとに相談に来ました。ともかく落ち着かせ、それまでの経緯をくわしく聞きました。

彼はクラスのある友人から、「お前のことを好きな女子高生がいる。紹介してくれと頼まれた」といわれたそうです。彼は有頂天になり、彼女とデートをしたそうです。ところが、その次の日に、この友人が彼のところに来て、「えらいことになった。あの女子高生は、暴力団の幹部の彼女だった。お前とデートしたことがばれて、彼女は危ないし、俺もやばい。お前もだぞ。俺が金でかたをつけてやるから、五〇万出せ」といいました。彼はいわれるままに、働いて貯めたお金から五〇万円をこの友人に託しました。もう大丈夫だと思っていた矢先に、またお金の請求があったため、どうしようもなくなって、私に相談してきたのです。

当時の校長は、学校の名前が新聞などに出てしまったら困るといって反対しましたが、私は彼を連れて、すぐに地元の警察署に行きました。調査の結果、友人である生徒に逮捕状が下りました。完全な詐欺《さぎ》でした。裏には暴力団なんていませんでしたし、デートした女子高生は、この友人の彼女でした。

その報告をした職員会議では、「なぜ、学内で解決しなかったのか」と仲間の教員たちから責められました。騙《だま》した生徒の親に話してそのお金を弁償させれば、それでよかったのではないかという意見です。私は彼らにいいました。「これは、犯罪です。

犯罪に対処する術《すべ》は、私たち教員にはありません。もし、本当に暴力団がこの件に絡《から》んでいたとしたら、私たち教員は何かできたでしょうか。被害者の彼を守ることができましたか」

今、教育の現場である学校で起きている、いじめと呼ばれているほとんどの行為は、じつは、犯罪だと考えています。この事実を、きちんと現場の教育関係者が理解しない限り、とくに文部科学省が理解しない限り、日本からいじめが消えることはないでしょう。また多くの尊《とうと》い命が失われてしまいます。

5. 学校にいじめはあってはならない

＊無視や悪口は、いじめというより不健全な人間関係

私は先に、学校におけるいじめについて、「学校において、意図的に、ある児童・生徒に対して、精神的苦痛を与えること」と定義しました。精神的苦痛とは、具体的には無視したり、悪口や陰口などをいって中傷することです。

これらの行為には、倫理的・道徳的な問題は存在しますが、ほとんどの場合、法的な問題は存在しません。法律は、人を嫌うことを禁止していませんし、人の悪口をいうことも、その人の名誉にかかわるようなひどい嘘《うそ》をつくことでなければ、禁じていません。

この種のいじめは、たしかにどんな学校にも存在します。しかし、これは、学校だけではなく、一般社会の中でも、普通に存在しているものです。ですから、この種の

いじめは、私はいじめという陰湿な言葉で呼ぶより、不健全な人間関係と呼ぶべきものだと考えています。

＊不健全な人間関係の解決法

倫理的・道徳的な問題なのですから、これらの行為こそ、本来学校がその教育の中で予防し、対処しなくてはならないものです。じつは、学校で私たち教員がこれを解決することは、そんなに難しいことではありません。

まず、被害者と加害者である両方の生徒からきちんと話を聞きます。そして、加害者の生徒に、自分のした行為がいかに相手を傷つけたかを知らせ、謝罪させます。被害者の生徒が、それを受け入れて和解してくれる場合は、それでことはすみます。もし、被害者の生徒が謝罪を受け入れることができない場合は、クラス変更などで被害者の生徒の所属する集団を替えてあげます。私は教員時代、このようなケースを担任として、あるいは生徒指導部の部長として何度も扱い、解決してきました。

たとえば、こんなケースがあります。

私が勤務していた夜間定時制高校の入学式が終わって間もなくのことでした。一年生のある担任から相談を受けました。このクラスの女子生徒が不登校になり、学校を辞《や》めるといわれてしまい、困っているということです。私はくわしい事情を担任、本人、本人の親から聞きました。

このクラスには、教育的な言葉を借りれば元気の良い生徒、一般社会の言葉に置き換えると乱暴という言葉があてはまる、一人の男子生徒が在籍していました。クラスの仲間に対しては、「おい、今日の掃除当番、お前にやらせてやる。頼んだぞ」と押しつけ、教員に対しても、「先こう、早く授業を終わらせろよ。今日はデートなんだ」と言い放つ。この女子生徒にも、「おい、声がちぃせんだよ。はっきりいえよ」などといって絡む、問題の多い生徒でした。

女子生徒は、もともと小・中学校でのいじめから不登校になり、この定時制高校に入学してきました。私は問題の男子生徒からも話を聞き、きちんと伝えました。「君の言葉づかいや態度が、他の生徒を脅《おび》えさせ、傷つけている。実際に一人の女子は、君のことが怖くて学校に来られない。学校は、どの生徒も平和に楽しく過ごすことのできる場所でなくてはならないのに、君がそれを乱している」これを聞いて、生徒は私にいいました。「先こう、俺は退学か？」私は答えました。「まさか。君が変わってくれればいいんです。できますか？」男子生徒は渋々という感じでしたが、努力することを約束してくれました。

でも、それからが問題でした。女子生徒はこの男子生徒のいるクラスにはもう戻りたくないというのです。私は職員会議で、二人のうちのどちらかのクラスを替えてもらえるように提案しました。職員会議は揉《も》めました。

「男子生徒が変わるというのなら、もう問題の決着はついているはずだ。それでも、クラスを替えてくれというのは女子生徒の甘えだ。そんな甘えにいちいち応じていたら、学校は統率できなくなる」「こんなことは、社会に出れば当たり前にあること。それを我慢させ、強くすることが教育だろう」「そんな態度なら、男子生徒を辞めさせればいいだろう」などと、いろいろな意見が出ました。

私は全教員にお願いしました。「この学校に入学してくる生徒たちはみんな、家庭や今までの学校生活の中でたくさんつらい想いをし、苦しんできた生徒たちです。私たちはそんな生徒たちをお預かりしているのです。四年間の学校生活の中で、社会復帰を果たせるように教育することが、私たちの努めです。この生徒たちはまだ一年生で、この学校についてまったくわかっていません。まずは、チャンスを与えましょう。そして、いつかは、この二人が同じ教室で友だちとして学ぶことができるように、二人を教育しましょう」何とか、職員会議での了承を得て、女子生徒を別のクラスに移しました。

そして、四年生の時には、二人をあえて同じクラスにしました。そのころにはわだかまりが解けて、二人は良い友だちになってくれました。

*学校からいじめを断つためには

大津市のいじめ事件以後、とくに、日本中でいじめとして認識されているものは、私が学校におけるいじめとしたものとは、まったく異なるものです。

今、多くの日本人に、学校のいじめとはどんなことですかと聞けば、「暴力をふるい相手にけがをさせること」「脅して金品を奪うこと」「自分のほしいものを万引きさせること」「自死の練習を強要すること」「ネットに死ねと書き込むこと」このような内容の返事が聞こえてくるでしょう。

でも、これは、いじめではありません。先にも述べたように深刻な人権侵害であり、また、刑事・民事の事件、つまり犯罪です。学校が日々の教育によって対応できるものではありません。学校という教育現場で発生した行為であっても、法務省や警察庁、つまり、学校以外の人権擁護局や警察署にその対処をゆだねなくてはならない問題なのです。

一般社会でこのようなことが起きれば、それはすぐに犯罪とみなされ、関係各機関が速やかに動き対処します。しかし、学校の場合はいじめとみなし、かたくなに関係機関の介入を拒《こば》みます。そして自分たち教育現場の中で対処したり、解決しようとする。こんなことが、許されていいのでしょうか。

この姿勢こそが、今まで学校におけるいじめの問題を解決できず、学校からいじめをなくすことができなかった一番の理由だと、私は考えています。

文部科学省、教育委員会、学校などの教育機関は、速やかにいじめの定義を見直してください。本来学校が扱うべき、倫理的・道徳的な問題であるいじめと、法を犯す行為としての人権侵害や犯罪に該当するものをきちんと区別してほしいのです。そして、閉鎖性を捨て、他機関と連携しながら、この問題に対処する必要があります。

第二章

いじめと呼ばれる犯罪の背景

1．いじめの背景としての社会状況

＊攻撃的な社会によるイライラの連鎖

今、多くの子どもたちが自分を見失っています。たぶん日本の子どもたちの三割ほどは、何らかの形で問題行動を起こしたり、心を病んでいると思います。

その背景にある原因の一つは、私たちの社会の攻撃性だと思います。本来、私たちの社会は、人と人が認め合う社会でなくてはなりません。それなのに現在の日本は、人と人とが責め合う社会、とても攻撃的な社会になってしまいました。

とくに、一九九一年にバブル経済がはじけて、日本経済が深刻な不況に陥《おちい》ってから、日本は経済的にも社会的にも、閉塞《へいそく》した厳しい時代になってしまいました。これからこの状況は、もっとひどくなるでしょう。

バブル経済が崩壊するまでの日本人は、夢を持つことができました。「一生懸命勉強したら、きっと幸せになることができる」「五年まじめに働いたら、アパートからマンション住まいになれる」「一五年懸命に働いて、子どもが小学校高学年になったら、妻にもパートで手伝ってもらえば、郊外に庭つき、子ども部屋つきの一戸建てが買える」がんばって努力したら、国も会社も、必ずそれに報《むく》いてくれる。そういう未来を、大人も子どもたちも夢見ることができました。

しかし、バブル経済が崩壊したことによって、大人や子どもたちの間から、どんどん夢が消えてしまっています。「まじめに働いたって、出世なんて期待できないし、リストラされるかもしれない」「まじめに勉強したって、どうせ将来は頭打ち」あきらめの気分がこの国全体を覆《おお》っています。それと同時に、国民全体が、子どもたちまでが、いつもイライラしています。大人たちでは駅で体がぶつかったというだけのことで喧嘩《けんか》になったり、殺人事件にまで発展してしまうケースがあります。学校でも、ちょっとしたことでキレる子どもたちがどんどん増えています。

私は講演で全国を回っていますが、お父さんやお母さんの多い会場ではたびたび質問をします「自分の子どもを褒《ほ》めた回数と、叱《しか》った回数、どちらが多いですか」と。ほとんどの親は、叱った回数のほうが多いと答えます。また、学校に講演に行った場合は、必ず子どもたちに「この学校で、先生に褒められた数と叱られた数、どちらが多いですか」と聞きます。小学校は別として、中学校や高等学校では、ほとんどの生徒が、叱られた数のほうが多いと答えます。では、そんなにみなさんの子どもたちは、生徒たちは、悪いのでしょうか。いいえ、私はそうは思いません。

また、日本の社会から、哀《かな》しいことに美しい言葉がどんどん消えてしまっています。たとえば日常では、「ありがとうございます」「お世話になりました」「うれしい」「きれいだな」「すてきだ」「いいんだよ」という言葉が、前ほど聞かれなくなりました。その代わりに、「何やっているんだ」「遅い」「急げ」「サボるな」「がんばれ」「考えろ」などのきつい言葉、刃《やいば》のように鋭い言葉が、とくに子どもたちのまわりで飛び交っています。家庭でも、学校でも同様です。まるで、日本中の大人たちが、親も先生も、寄ってたかって子どもたちをいじめているように思えます。

教員ですら仲間の教員に対して、「先生は、何をやっているんですか」「そんなことでどうするんですか」と責め合います。また、教員が生徒たちに対しても、「こんなことをしていてどうする」「こんな成績じゃどこにも進学できないぞ」と責めることが続いています。

会社では上司が部下に、家庭では夫が妻に、そして、その妻がその子どもに、学校では校長が教員に、そして、その教員が大切な生徒たちに……。攻撃が下へ下へと力の弱いほうへ続いています。

＊息抜きできない子どもたちが増えている

このように責められ攻撃されても、私たち大人は趣味に逃避したり、あるいは夜の町で仲間とお酒を酌《く》み交わしたりすることで、気を紛《まぎ》らわすことができます。そして、また次の日を何とか過ごしています。

しかし、大人のようにお金やお酒の力を借りることができない子どもたちは、いったいどうしているのでしょうか。どうやって息抜きをしているのでしょうか。だれかを攻撃してうっぷんを晴らせばいいのでしょうか。同級生や年下の子どもをいじめることで、動物や植物を殺したり傷つけたりすることで、うっぷんを晴らせばいいのでしょうか。哀しいことに、すでにそうしている子どもたちもたくさんいます。まさにこれが、いじめなのです。

この本を読んでいるみなさんにお聞きします。もし、あなたが会社で上司から毎日のように、「だめなやつだ」「何をノロノロやっているんだ」「こんなこともできないのか」「もうお前なんか、辞《や》めちまえ」などと攻撃され続けたら、何ヵ月我慢できますか。子どもたちは、それを何年も我慢しているのです。

さらに、もう一つお聞きします。もし、そうやって攻撃され続けたら、あなたは、どうしますか。会社で、「どうせ俺なんて、この会社で必要とされていないんだ」とぶちキレて上司を殴《なぐ》り、そして夜の世界に入りますか。それとも、大麻や覚せい剤などのドラッグに一時の救いを求めますか。学校でも、強い子どもたちは、「どうせ、親も先生も自分のことなんかどうでもいいんだ」と、夜の町に入り、非行や犯罪、薬物乱用へと進んでいきます。

あるいは、「自分は、だめな人間なんだ」と心を閉ざし、引きこもりになったり、心を病んだりしますか。学校の場合、これがまさに、子どもたちの不登校やリストカットなどの心の病《やまい》という現象として現れてきています。

最後に、お聞きします。あなたは会社で嫌《いや》なことが続いた時、家庭でそのイライラを大切な妻やかわいい子どもたちにぶつけていませんか。家庭や学校で追い詰められた子どもたちが、そのイライラを大切な仲間にぶつけています。

こう考えると、いじめという社会現象のもっとも基本的な構造は、攻撃的な社会がもたらすこのイライラの連鎖が、大きく関与しているといえるのではないでしょうか。

2. いじめの背景としての家庭状況

＊家庭でも追い詰められる子どもたち

日本は、過酷なストレス社会です。今日本人の中で、一〇年後の自分と家族のバラ色の生活を夢見ることができる人はどのくらいいるでしょうか。それどころか、現在の生活を維持することもままならない状況の人がどんどん増えています。町でも、会社でも、イライラしている人が、加速度的に増えています。

そして、大人たちのイライラが、もっとも弱い立場の子どもたちにぶつかってきています。会社や仕事先で、「何をノロノロやっているんだ、君なんかいつでもくびにできるんだぞ」といわれた父親は、家に帰って「何だ、飯もつくってないのか、風呂も沸《わ》いてないのか。お前は何をノロノロやっているんだ」と妻にあたる。夫にあたられてイライラした妻は、自分の子どもたちにうっぷんをぶつけていきます。これは近年親による虐待《ぎやくたい》が増加している一因でもあります。かけがえのない自分の子どもに「テストでこんな点数しか取れないなんて、いったい何やってるの」などと叱ることで、あたり散らすのです。

大人はずるいのです。父親は、家庭では妻や子どもにあたり散らし、外でお酒を飲んでストレスを解消すればいい。母親も、夫には五〇〇円くらいの安い昼食を食べさせ、自分は主婦仲間と三〇〇〇円のランチを食べて、夫の悪口をいって発散していればいい。そして、家では自分の子どもにあたり散らしていればいい。

でも、子どもには昼の学校と夜の家庭しかありません。子どもたちは学校でも家でも、圧倒的に叱られた数のほうが多いのです。一日中、きつい言葉に取り囲まれて暮らしています。

この本を読んでいる大人、とくにお母さん方にお聞きしたい。もし、あなたが夫から毎日「この料理まずいぞ、こんなものが食べられるか。お前は何をノロノロやっているんだ、こんなこともできないのか。お前なんかと結婚しなきゃよかった」といわれ続けたとしたら、どうしますか。

でもこれは、考えてみたら、お母さん方が自分の子どもに対して日々いっていることではないですか。これを毎日いわれたら、あなたはどうしますか。アルコール依存症になるまで暗いキッチンで毎晩お酒を飲みますか。携帯電話やメールで見知らぬ男と出会い、その男の甘い言葉にすがり、一夜をともに過ごしますか。あるいは、暗い部屋で涙を流しながら死にたいといい、自分で自分の体を傷つけたり、さまざまな薬を大量に飲みますか。

まさにこれが今、子どもたちが置かれている状況なのです。子どもたちは学校でも家庭でも追い詰められています。好きで薬物を使う子どもはいません、今の状況から逃げたいから使うのです。好きで援助交際をする女の子だっていません、愛にすがりたいから援交するのです。好きで自傷したり、死を語ったり、あるいは死んでいく子なんていないのです。みんな、どんな子どもも、本当は死にたくない。幸せになりたいのです。

さらに、好きでいじめをする子どももいません。そうやって大切な仲間を傷つけることでしか、自分のイライラを解消できないのです。先生や親などの大人に向かっていっても勝ち目はありませんし、何倍ものつらい想いをすることは明らかですから。

＊子どもの見本になれない親が急増している

今、「大人になりたくない」という子どもたちが増えています。でも、私にはこれは当たり前のような気がします。

父親は夜、家に帰ってきたら、何といいますか。「課長のやつ、部長のやつ、許せない。お前たちさえいなきゃ、あんな会社なんかすぐ辞めてやるのに」父親の多くは、家族につらい顔や苦しい顔しか見せないのです。

母親は母親で、夫が会社へ出かけると、「何であんな人と結婚したのかしら」などと、子どもの前で父親の悪口をいっています。

学校に行けば、先生は「疲れた。何で君たちに教えなきゃいけないんだ」といいたげです。

町を歩く大人たちを見ても、輝いている人はほんのひと握りです。大人でいることは、そんなにつらくて、どうしようもない、嫌なことなのでしょうか。

大人になって家族を養《やしな》い、次の世代を担う子どもたちを育て、国のため、社会のため、人のために尽くして生きることは、本当はすごく輝いていて、楽しいことなのではありませんか。でも、今の大人たちは、それを子どもたちに見せていません。子どもの見本となるような親が激減しています。私はそれを実感しています。

＊「今」しかない子どもたち

先日、神戸で夜回りをしていた時です。午前零時ごろでした。三宮駅前の公園で数人の二〇代前後の若者たちがたむろしていました。私は彼らに話しかけ、一八歳未満の子どもがいたら家に帰るようにいいました。全員一八歳以上でしたので、その公園で一時間近く話をしました。その時、彼らの一人から哀しい言葉を聞きました。

「夜回り先生、先生は俺たちに、もう一度高校に戻って勉強したらとか、まじめに働いたらとかいうけど、まじめに生きてどうなるの。俺の親父は超堅物。高卒で工場に入り、安い給料でまじめに働いていた。でも、三年前に工場が潰《つぶ》れて無職になった。それからは、日給八〇〇〇円の交通整理のバイトで食いつないでいる。俺はこの近くのボーイズバーで働いているけど、いい時は日給で三万円もらえるぜ。まじめに働いたっていいことなんてないよ」私が、「君の一〇年、二〇年後は?」と聞くと、「そんなの考えてねぇよ。今が楽しけりゃいいんだ。あとがだめなら、死ねばいいんだ」こんな調子で、私が何を話しても、彼は聞く耳を持ってくれませんでした。

大人になることをやめた子どもたちは、哀れです。明日を夢見ることをあきらめ、明日を生きることを捨ててしまえば、「今」しかない。「今」という時間をどう楽しく生きるかしか考えていないのです。そして、もし「今」の時間が貧困やいじめ、虐待で苦しいものとなった場合、そこから、自死という方法で逃げようとしてしまいます。

じつはこの考え方が、いじめや少年非行、少年犯罪といったさまざまな少年問題の背景にあるのではないかと、私は思っています。

この本を読んでいるみなさんにお願いがあります。些細《ささい》なことでもいいですから、子どもたちを褒めてあげてほしいのです。日本は優《すぐ》れた国です。先人は、「子どもは、一〇褒めて一叱れ」といいました。一〇褒める中で健全な人間関係をつくり、そのうえで一つを変えていけと。優れた教育方法です。でも、今、多くの親や先生は、子どもを一〇叱っても、一つも褒めません。これが子どもたちから自己肯定感を奪い、子どもたちの生きる力を弱くしています。今すぐに、これを改めてください。

どうぞ、子どもたちを褒めた時に、子どもたちが見せるあの笑顔と目の輝きを思い出してください。その笑顔と目の輝きを、私たち大人は、子どもたちから絶対に奪ってはいけないのです。

子どもは、受けた優しさや愛が多ければ多いほど、語られた夢や希望が多ければ多いほど、非行や犯罪、いじめから遠ざかります。また、受けた優しさや愛が深ければ深いほど、いじめに対してきちんと戦うことができます。

3．いじめの背景としての学校状況

＊「ゆとり教育」の誤算と大失敗

今、日本の学校が病んでいます。このすべての原因は、当時の文部省、現在の文部科学省の社会状況を見誤った不適切な指導にあります。

一九八九年、まさにバブル経済で日本中が好景気に沸き返っていた時、政府は、それまでの「詰め込み教育」から「ゆとり教育」への転換を計画しました。

戦後日本の「詰め込み教育」は、知識のみが豊富で、上からの指示に対しては完璧に働くことができる世界一の労働者をつくり出しました。その代わり、自発的に考えたり行動したりする能力が劣ってしまった。その自発性や創造性を子どもたちに身につけてもらうために、学校で教える知識内容を減らす、「ゆとり教育」を取り入れたのです。公立の小学校と中学校は土曜日を完全休校としました。土曜日はただ遊ぶのではなく、自ら旅行をしたり、学校ではできないさまざまな文化的・芸術的活動を、各家庭で体験してもらおうという意図でした。

しかし、これは完全に失敗しました。

その理由の一つは、日本のバブル経済の崩壊です。日本中の各家庭に不況の波が押し寄せ、休みの日に家族旅行をしたり、文化的・芸術的活動の場に子どもを連れていく余裕などなくなってしまいました。しかし、文部科学省は、この事実を正視しませんでした。

また、もう一つの理由は、ゲーム機やインターネット、携帯電話の子どもたちへの普及です。せっかく学ぶために確保したゆとりの時間どころか、通常の家庭学習の時間までも、これらによって奪われてしまいました。そして、子どもたちの学習意欲はどんどん減退し、子どもたちの学力も低下していきました。

今や国民のほとんどは、子どもたちがゲーム機やインターネット、携帯電話を使わなかったら、子どもたちの学力はもっと向上するということを知っているはずです。

当然、文部科学省も気づいています。しかし、何の方策も取りませんでした。

＊教育現場で信頼関係が失われている

そのような状況下で、学校現場の教員たちも、疲弊《ひへい》しています。本来、良い教育は信頼関係の中からしか生まれません。しかし、今教育の現場から、この信頼関係が失われています。文部科学省は教育委員会を信じませんし、教育委員会も校長や現場の教員を信じていません。校長も配下の教員を信じなければ、親も教員を信じていない。ひどい場合には、今回事件のあった大津市の中学もそうですが、子どもたちが教員を信じていない。教員も子どもたちを信じない。こんな現状では、まともな教育などできません。

信頼は人を強くします。まじめにします。なぜなら、人はその信頼に応えようと努力するからです。しかし、だれからも信頼されていない人間は弱い。守るべきものや信頼に応えようという意欲そのものを失っているからです。こうして、学校内部にまで、社会のイライラが入り込んでしまいました。

もし、みなさんが毎日「何やっているんだ、急げ、急げ」とお尻《しり》を叩《たた》かれ続け、「そんなことじゃだめだろう」と叱られ続けたら。あるいは毎日「何やっているんだ、がんばれ」と厳しい言葉にさらされ続けたら、どうなりますか？　でもまさに、今の子どもたちは、生まれた時から中学校や高校までの十数年間、教員からも親からもお尻を叩かれ、追い詰められています。

たしかに、それでも救われている子どもはいます。それはある意味で、生まれつき能力的に優れている子どもたちです。あるいは、つらい家庭や学校という状況の中にあっても、じつはあったかいお母さんがいたり、優しい先生や優しい大人との出会いがあった子どもたちです。

でも私は、このような子どもたちは今の日本の中で全体の七割ほどだと思っています。残りの三割ほどの子どもたちは、毎日厳しい言葉を浴びせられ、追い詰められる中で、自分を見失っています。「私なんか、いなくていいんだ」「私がいることが、親に迷惑をかけている」「学校の授業についていけない、私なんてだめなんだ」と、毎夜、暗い時間になると、自分を責めています。

＊子どもたちの哀しい解決法

このように、毎日攻撃されている子どもたちの心はパンパンになります。そこで子どもたちは四つのタイプに別れます。

一番元気が良くてしかも多いタイプは、心がパンパンになったイライラを「ガス抜き」、いわゆる解決するために、自分の仲間をいじめます。まさに、大人である先生や親が子どもたちにやったのと同じことを、かけがいのない自分の仲間に対してやってしまうのです。もっとも哀しい解決法です。

二番目に元気の良い子どもたちは「もういいや、親なんて俺のことをわかってくれない。学校の勉強にもついていけないから、先生だって俺のことなんかどうでもいいんだ」と、昼の世界に別れを告げます。そして、私の住む夜の世界にやってきます。夜の世界の大人たちからすれば、子どもたちは利用できますし、お金にもなる存在です。そんな大人たちの甘い言葉に騙《だま》され、さらに闇の世界へと沈んでいきます。

では、もっとも心優しい思いやりのある子どもたちはどうなるのでしょう。この子たちが二手に別れます。そして今、私たちの前にいろいろな問題を突きつけてきています。

一つは心を閉ざしてしまう子どもたち。学校へ行ってもいじめがあります。優しくて人をいじめられないから、自分がいじめられてしまいます。また、親に迷惑をかけてしまうからと、優しいがゆえに夜の世界に出て行くこともできません。その結果、自分を閉ざして不登校になり、友だちとの交流も断って、家で苦しみ続けます。さらには、自分の不登校が原因で親が苦しんだり、イライラしている姿を見て、自分の部屋からも出られなくなる。引きこもりです。

一方、それすらもできない心優しく心弱い子は、「不登校になったら、引きこもりになったら、親に迷惑がかかる」と考えます。暗い夜の部屋で「お父さんに叱られたのは、私が悪いから」「勉強についていけないのも、先生から叱られたのも、友だちから嫌われたのも、みんな私が悪いから」と、一人で悩みます。そしてある夜、かみそりを手にして自分を罰し始める。リストカットなどの自傷行為の始まりです。

今まさに、日本の子どもたちはこのような状況に追い込まれ、苦しんでいます。その中にあって一つの顕在化した現象が、いじめなのです。

＊学校という名の牢獄!?

今から数年前です。国会議員と文部科学省の幹部の人たちが話し合う機会に同席したことがあります。その場では、日本の教育をどのようにするか、熱い議論が交わされていました。でもその主題は、「日本の繁栄を築くことのできる優秀な生徒を、いかにしてつくるか」ということで展開されていました。意見を求められた私は、彼らにいいました。

「いかに、優秀な生徒たちをたくさんつくっても、数多くの生徒が落ちこぼれて非行や犯罪に走ってしまったら、また、多くの子どもたちが不登校や引きこもりになってしまったら、この国はどうなってしまいますか。いや、まさに今そうなっていますす」

将来を見据えた優秀な企業の会計方策では、プラスとマイナスをきちんと考え、プラスを少し削っても、マイナスを減らす努力をします。しかし、今の日本の教育は、プラスしか考えていない。問題行動を起こしたり、不登校や引きこもりになってしまう生徒たちに対して、教員の配置を増やすとか予算を多くするとかして、手厚いケアができるようにするための対処は何も行われていない。これでは、将来この国はだめになってしまいます。

そして私は、文部科学省の一人の役人に尋ねました。「あなたは、どんな学校が素晴らしい学校だと考えていますか?」彼は自信満々に答えました。「この国の明日をつくる優秀な人材を育てる学校です」私は彼にいいました。「そのような優秀な人材を、あなた方がいかにたくさんの税金を投入してつくろうとも、そこからはみ出した多くの子どもたちが、非行や犯罪、不登校や引きこもり、自死をしてしまえば、その優秀な人材が生み出した富など、あっという間に消費してしまいます」

彼は私に聞いてきました。「それなら、水谷先生は、どんな学校が素晴らしい学校だと考えているのですか?」私は即答しました。「すべての児童・生徒が毎日、今日は先生から何を学ぼうか、友だちとどうやって遊ぼうかと、楽しく通うことのできる学校です」この言葉に、数人の出席者から失笑が起こりました。

もし学校が、すべての児童・生徒にとって、「勉強についていくことができて、自分の能力をきちんと評価してもらえ、友だちとの触れ合いの中で自らを磨《みが》くことができる」という楽しい場所であったなら、いじめなど決して起こるはずはありません。

今、子どもたちにとって、学校が牢獄のような存在になってしまっています。どうぞ、近くの学校に行ってみてください。そして、子どもたちを見てください。すべての子どもたちが目を輝かせて楽しそうに勉強している、そんな学校はまず数えるほどしかないでしょう。ほとんどの学校では、多くの子どもたちが生気を失った疲れ果てた顔で、時間が過ぎていくのをただ待っているはずです。

このような子どもたちを取り囲む現状を変えていかない限り、残念ながら、哀しいいじめをなくすことはできないでしょう。

第三章

いじめの背景にある子ども自身の問題

1. 考える力を失った子どもたち

＊受け売りが、考える能力を奪う

一〇代、二〇代の子どもたちを見ていて、思うことがあります。彼ら彼女らは、ものを考えることができない、自分で物事を決定することができません。まわりを見わたして、つねにみんなと同じような行動を取ります。みんなと同じにしていれば、一人だけ浮いたりはみ出したりしないから、仲間からいじめられることはない。自分の身を守るという意識もあるのでしょうが、考える能力が相当に欠如しています。

私は生徒指導という仕事柄、集団でバイク窃盗をやったり、引ったくりをやったり、あるいは集団で薬物を乱用した子どもたちとかかわってきました。その子どもたちに「何でそんなことをしたの？」と聞いたことがあります。答えは「わからない、みんなやっていたから」また、夜遊び歩いている派手な格好をした女の子たちに「何で、その格好をするの？」と聞くと、「だって、流行《はや》っているから」といいます。「きれいだと思うのかい？」と問うと、「だって、みんなやっているから」と答えます。

ぜひ、まわりの子どもたちに聞いてみてください。自分がこういう行動をするのは、自分がこういう格好をするのは、自分がこういうのは、こんな理由があるからやっている、ときちんと答えられる子はいますか。みなさんの近くに、そこまで考えて行動している子はいますか。

数年前から、私は日本各地のいくつかの大学で授業をしています。その授業を通じて感じることがあります。大学生たちがなかなか立派なことをいうので、「どうしてそう思ったんですか？」と聞くと、「○○という本で、○○氏がいっていました」「じゃ、君はどう考えるのですか？」と質問すると、「こんな偉《えら》い人がいうのだから、これでいいと思います」という返答です。学生たちに論文を書いてもらうとわかります。考えの受け売りがじつに多い。彼らは自分の意見がいえないし、書けないのです。大学生の間でも、ものを考える能力が非常に低くなってきています。

これには、インターネットの普及も大きな影響を与えていると思います。先日私は、大学で担当している学生たちのレポートを採点しました。三〇〇名分ほどのレポートですが、まじめに勉強したことがわかり、私がきちんとした評価を与えることのできる学生は数名でした。それでも、一生懸命自分で書いたと思われるレポートには、それ相応の点数をつけました。ひどかったのは、インターネット、とくにウィキペディアというだれでも書き込みのできるネット上の百科事典から、コピーアンドペーストしただけでつくったレポートです。このようなレポートには再提出の措置を執《と》りました。

たしかにインターネットを用いれば、あらゆる情報が瞬時に手に入ります。でも、これでは、考える能力は育ちません。これから、こういう学生が増えていくのでしょうか。

＊指示型の子育てがもたらした弊害

子どもたちに考える力がなくなってしまったのは、私には当然のことに思えます。日本の子育てや教育は、「六〇年安保闘争」や「大学紛争」「七〇年安保闘争」のころから、指示型に変わってしまいました。その背景には、ものを考えられる子どもを育てれば、社会に対して闘いを挑《いど》む子どもを育てることになる。これはとても危険なことになるかもしれない。それなら何でもいわれたとおりに従う子どもに育てたほうが安全でいい。このように考える政府や大人たちの思惑《おもわく》もあったような気がします。

とくに、今の子どもたちは、ゆっくりと考える時間を与えられていません。親が一方的に「ああしなさい、こうしなさい、こっちにしなさい、それはだめ」と事細かに指示しながら子どもを育てます。親が自分の思いどおりに子どもを操縦しているさまは、はたから見ていても息苦しくなるほどです。そして、わが子が一七歳、一八歳になると、突然「もう、自分で考えなさい」と突き放してしまいます。でも、このような指示型の子育てでは、子どもに考える力なんてつきません。

これは、学校でも同じです。教員たちの多くは、生徒たちが自分たちで考えて行動できるまで待つことをしません。そんなゆとりがないからです。お膳立てを整え、指示を出し、あたかも生徒たちが自ら実行したようにやらせる。これが、今の学校の姿です。これでは、自ら考え、決定し、行動し、その結果に責任を持つ。そんな子どもを育てることはできません。

教育の基本は、「待つ」ことです。これは子育てでも同じです、自ら立ち上がるまで待つ、自ら考えるまで待つ。これが大切なのですが、今、家庭でも学校でも失われています。そして、自ら考えることのできない子どもを量産しています。

＊いじめは、集団によってエスカレートする

私は、考えることのできない子どもたちが増えたことが、いじめの問題をより深刻化させていると考えています。

子どもたちは、自分が他者に対して発する言葉や取る行動が、その人に対してどのような精神的・肉体的苦痛を与えるかを考えません。また、その結果がどうなるかも想像できません。だから、家庭や学校で嫌《いや》なことがあったら、そのイライラを大切な仲間に、言葉や暴力でぶつけてしまう。しかも、その行為を集団のリーダー的存在の子どもがやれば、その集団全体が何も考えることもなく、止めることもしないまま、みんなでそのいじめに荷担してしまう。そして、エスカレートしていく。こうして最

悪の負のスパイラルができ上がっていくのです。

数年前、刑務所に収監されている一人の少年から私のもとに手紙が届きました。彼は殺人事件の共同正犯として、刑に服していました。彼の母親はタイ人です。日本に働きに来て、彼の父親と出会って結婚し、彼を生みました。しかし、彼が四歳の時に、彼と父親を捨ててタイに戻りました。

彼は小学校時代からいじめられっ子でした。そんないじめられている彼を、中学で助けてくれたのが、その中学の非行集団でした。彼はその非行集団の下っ端として生きる道を選びました。夜間定時制高校に進学したのですが、続かず中退しました。土木工事の現場で働きながら、夜は彼らと遊び続けていました。

彼が一九歳の時、その集団の中で揉《も》め事が起こりました。男女関係のトラブルです。自分の彼女を取られたと怒ったリーダーが、相手の男の子を呼び出して、みんなでリンチにしたのです。心優しい彼はその場にはいましたが、リンチには加わりませんでした。しかし、半死半生となった相手の男の子をみんなで橋から川に落とす時、先輩たちからいわれるままに、彼は男の子の足を持ち、落とすのを手伝ったそうです。相手の男の子は亡くなりました。足を持って川へ落とすことを手伝った行為が殺人の共同正犯として裁《さば》かれ、刑を受ける理由となりました。

彼は刑務所の中で後悔しています。なぜみんなを止めなかったのかと、自分を責めています。そして、何度も私に「死にたい。死んで償《つぐな》いたい」と書いてきました。私はそのつど、「生きて償おう」と彼を説得しました。彼は今でも、私に書いてきます。「何で、あの時、自分が何もできなかったのか、しなかったのか、わからない」と。

じつは、いじめ関連の事件に関与した多くの子どもたちは、彼と同じです。何も考えることをせず、ただ集団の流れのままに動いてしまう。それが、どのような哀《かな》しい結果を生むかということを想像できずに……。

本来は、子どもたちが自ら考える力を育て、自ら行動する力を育《はぐく》むはずだった「ゆとり教育」は、大きな誤算に終わりました。自ら考えることができないだけでなく、学力まで低下した子どもたちを生み出してしまったのです。

2．生きる力を失った子どもたち

＊自己肯定感を持てない、自分に自信がない

私は二一年間の「夜回り」という深夜パトロールを通じて夜の世界を歩き回り、さまざまな子どもたちと触れ合ってきました。

最近、この「夜眠らない子どもたち」が急速に変わりました。彼らの目から、私は「目力」と呼んでいますが、輝きがなくなってきています。かつて、夜の世界の子どもたちは、自分たちを捨てた昼の世界への怒りや憎《にく》しみなどで、目がギラギラと輝いていました。あるいは、ふてくされている子どもたちでも、斜め上目線で睨《にら》みつけてくる「目力」を持っていました。

ご存じのとおり、今は各地で暴走族が減少しています。これは警察の取締まりが厳しいということもありますが、加えて、今の子どもたちには以前の子どもたちのよう

に、暴れ回るエネルギーやその気力さえもなくなっているのではないでしょうか。昼の世界の大人たちに復讐しようという憎しみすらも持てなくなって、虚《うつ》ろな目をした子どもたちが増えてきています。

でもこのことは、私が一一年前からかかわってきた心を病む子どもたちにも通じていると思います。私の講演、あるいは私のもとに相談に来る子どもたちには、「目力」がまったくありません。虚ろな目が明日を見失い、死へと向かっています。

家庭で、あるいは中学校や高校の教室で、子どもたちの目を見てみてください。瞳《ひとみ》は輝いていますか。夢を持つことができずに明日を捨て、自分の存在すらも見失い、何のために生きているのかわからなくなっている、追い詰められた子どもたちの目が輝くわけがありません。でも、子どもたちをここまで追い詰めているのは、いったいだれなのでしょう。

今、多くの子どもたちと触れ合って感じるのは、自己肯定感の希薄さです。言い換えれば、自分への自信のなさです。これは無理もありません。小さい子どものころからずっと、家庭でも学校でも、認めてもらえるより否定されることのほうが、褒《ほ》められるより叱《しか》られることのほうが、多かったのですから。

＊家庭環境がいじめられっ子をつくる

みなさんは、幼《おさな》い子どもの前で夫婦《ふうふ》喧嘩《げんか》をしたことがありますか。小さな子どもの前で毎日のように夫婦喧嘩をしていれば、まず間違いなく、その子はいじめられる子か、いじめる子になります。

子どもにとって、親はこの世で一番の愛する対象、信頼している存在です。その存在が、毎日のように自分の前で罵《ののし》り合いの喧嘩をする。この環境は子どもの心に深い傷を残します。まわりの人が怖くて、いつもビクビクして脅《おび》えた子に育つ場合が多いのです。いつもビクビクしていますから、いじめの標的として狙《ねら》われてしまいます。また、少数ですが、自らが親のように暴力的な子どもに育つケースもあります。いずれにしても、子どもの前で夫婦喧嘩をすることは、子どもの成長にとって「百害あって一利なし」なのです。

実際、これまでに私は、いじめについて数千件に及ぶ子どもたちや親たちからの相談を受けてきました。どのケースにも共通していることがあります。それは、その子どもたちの家庭は、必ずといっていいほど、何かの問題を抱えていることです。

私のところにきた相談メールを紹介します。

「名前は○○です。僕は、去年の九月からいじめにあい不登校になりました。最初は親や先生もがんばれとか声をかけてくれたのに、一一月くらいから、親からは『いつまで、学校行かんき？　ただ休みたいだけやろ？』とか、『早く学校行け！』といわれるようになりました。先生も『いじめは解決したから学校に来い！』と無理やり行かせようとします。学校に行こうと思ったこともありました。でも、一度いじめにあった僕は、学校というものが怖くて行くことができません。

自分でも、こんな自分は嫌いです。自分のことを弱虫だし臆病と思っています。でも、どれだけ自分自身にいっても、体がいうことを聞いてくれません。学校のことを考えると胸が痛くなってきます。不登校になってから何度も自殺を考えました。毎日二四時間、『死にたい』と思っています。

それでも、水谷先生の本を読んで『人のために何かしてみよう』と思ったので、ゴミ捨てや食器洗いなどの手伝いを毎日しました。でも、『ありがとう』という言葉はいってもらえませんでした。

僕は、もう生きている意味がないんでしょうか？　夜の世界にも行ってみようと思います。そこでだめなら、もう死のうと思っています。母親はもともと軽いうつ病で、僕がいないほうがうつ病も治るから喜んでくれると思います。父親は無職で、働こうとしません。

この話をしたのは先生が初めてです。もともと、大人は敵だと思っています。でも、先生なら相談にのってくれると考えて、メールを送りました。僕は、大人で初めて先生を信じようと思います」

私はすぐに、彼に連絡しました。そして、早急に学校とも連絡を取りました。

彼が受けたいじめは、無視と仲間はずれでした。秋の体育祭に向けて、クラスの中でだれがどの競技に参加するかを決めたそうです。彼は普段から一人でいることが多く、あまり発言しない生徒だったそうです。その日も、最後まで自分から声を発することはなく、結局二人三脚のチームに入ることになりました。しかし、そのチームの一人が、「あいつはいらない。あいつはいつも一生懸命走らない」といって、彼の参加を拒否したそうです。その時は、担任が間に入って何とかおさめたのですが、練習が始まると、ノロノロと走る彼に仲間たちが怒り、そこから無視と仲間はずれといういじめが始まりました。そして、彼は学校に行けなくなったのです。担任の先生は私に、「水谷先生、クラスの生徒がみんなで謝《あやま》りに行ったり、励ましに行ったりしたんですけど……。私の力が足りませんでした」といいました。

私は彼の母親とも直接会って話をしました。母親は自分を責めていました。「夫は、あの子が生まれた直後からまったく働かなくなりました。毎日お酒を飲んで、気に入らないことがあると暴れます。あの子に手を出すことはしませんでしたが……。あの子は、いつも私が殴《なぐ》られるのを哀しそうな目で見ていました。だからあの子は、弱い子になってしまったのです。私のせいです」

私は母親に、夫と別れるようにアドバイスしました。その後、児童相談所と福祉事務所の助けを借りて、二人を母子寮に保護しました。さらに、彼を寮の近くの中学に転校させました。このケースでは、学校も教育委員会もよく動いてくれました。そのおかげで、彼は元気に新しい中学に通うことができました。

もう一つ、先日届いた相談メールを紹介します。

「うちね、四年前くらいに両親が離婚して、そっからうちのお母さんが違う男を連れてきて結婚したんだ。その男、毎日毎日嫌みをいうし、睨んでくる。でも、お母さんがいる時は優しいんだよ。お母さんがいる時だけね。妹も大嫌い。うち学校でもいじめられている。先生もそのことを知っているのに何にも解決しようとしない。それで、家に引きこもろうと思った。

でもね、お母さんがまわりの目を気にして無理に学校に行かせようとしたの。だから毎日がんばって行っていたんだ。だけどもう疲れた、家でも学校でも。家出したってすぐに見つかるし、ストレス発散しようって思っても、何にもできないし。

うち、傷痕《きずあと》残したくないからリスカとかの自傷は絶対しなかった。薬とかも、絶対飲まなかった。だって、頭狂っちゃうの嫌だもん。だけどね、いい方法を思いついたんだ。死んじゃえば何も考えなくてすむし、苦しい想いをしなくてすむ。うちが死んでも、悲しがる人なんてだれもいないし。でも、怖くて何にもできない。本当にうちってクズだよ。もう、どうすればいいんだろう。

一人になればこういうことしか、考えられない。自分なんて大嫌い。本当にどうしよう」

今私は、彼女と彼女の母親に連絡を取りながら、これからどうすることが、彼女のためになるのかを考えています。彼女の今の父親も心から彼女の再起を願って、手伝ってくれています。

＊惜しみない愛情と優しさで子どもは生き返る

私のところに来た相談から、刑事事件となったケースもあります。

事の発端は、東北に住む小学校四年生の男の子から届いた一通のメールでした。

「夜回り先生。僕死にたいです。学校でいじめられてる。僕んち貧乏だから、汚いっていじめられてる。家でも、お父さんとお母さんはお酒を飲むと僕をぶつ。お前なんていないほうがいいって。先生、僕なんていないほうがいいんだよね。夜になるとカッターで腕を切ります。死にたいです」

私はすぐにメールを返しました。「水谷です。メールありがとう。先生がついています。必ず君を救います。この番号に電話してください。待ってます。ずっと待ってます」すぐに電話が鳴りました。

少年の父親は無職で、競馬とパチンコに明け暮れ、酒におぼれる毎日です。母親は自宅で美容院を開いていましたが、少年には無関心で、洗濯もろくにしてくれません。お風呂も一週間に一回か二回入れてもらえるくらいでした。夫婦は嫌なことがあると、少年に「かちかち山」というそうです。すると、少年はズボンとパンツを下げます。そのやわらかい肌に、二人はたばこの火を押しつけていました。いわゆる、根性焼きと呼ばれる行為です。

そんな少年は、保育園時代からいじめられていました「汚い、こっちに来んな」と。少年は小学校一年からリストカットを始めたといいます。「水谷先生、切るとすっとするんだ。気持ちが落ち着くんだ」私はこの言葉を聞いて、少年への哀しみと同時に、まわりの大人への怒りを感じました。思ったとおりです、少年は担任からも虐《しいた》げられていました。担任にいじめの救いを求めても、「君も悪い。もっと清潔な服装をすればいいんです」といわれたそうです。悪いのは少年ではありません、親なのです。しかし、この教員は親に連絡することもせず、少年を責めました。

こんな経緯があったため、少年はまわりのすべての大人を信じていませんでした。私は、少年にいいました。「リストカットは心の叫び。いいんだよ、切っても。ただし、人の前で切ること。隠してはだめだよ。だれかまわりに信じられそうな人はいないかい？　その人の前で切ってごらん」私は、彼のまわりにいるかもしれない、心ある大人の存在に賭けました。「先生、校長先生なら信じれてくれるかもしれない。女の先生だけど、いつも優しい目で僕のことを見てくれるんだ」私は、今夜はリストカットを我慢するようにいいました。その代わり、明朝校長室に直行し、校長先生の前で切るように伝えました。

翌朝、私は少年からの電話を待ちました。午前九時、電話が鳴りました。電話の向こうで、少年は泣いていました。「先生、ありがとう。僕ね、さっき校長先生の前でリストカットしようとしたんだ。お父さんやお母さん、クラスのみんなにも担任の先生にもいじめられていて、死にたいって。そしたらね、校長先生、つらかったんだねっていって抱きしめてくれたよ。僕のために泣いてくれたんだ」

少年の声には喜びの響きがありました。自分のつらさを、やっと受け止めてもらえた喜びが……。「よかったなぁ。いい校長先生だなぁ」私ももらい泣きしていました。

その時突然、電話から女性の声が聞こえました。

「水谷先生ですか。今回のこと、ありがとうございます。本当にすみませんでした。この子がこんなに苦しんでいるなんて知りませんでした。教員として失格です」校長先生でした。泣きながら声を震わせて話してくれました。「水谷先生、この子は私が守ります。どうしたらいいか、ぜひ教えてください」

私は、三つのことをお願いしました。

一つ目は、少年が家庭で受けている事実は虐待《ぎゃくたい》であり犯罪なので、すぐに児童相談所に連絡し、少年を保護するとともに、両親を逮捕し、罪を償わせてほしいこと。

二つ目は、大人が自らをきちんと処分し律しないから、子どもたちは大人を信じなくなってしまうことを伝えて、校長と担任が少年を守れなかったことに対して、きちんと処分を受けること。

三つ目は、この学校で少年が学習を続けることは無理なので、すぐに教育委員会に相談して、少年の入る施設の近くの学校に転校させてほしいこと。その際には、少年をきちんと守る態勢を整えてくれること。この三つをお願いしました。

立派な校長先生でした。自ら大人としての責任を取って退職しました。そして、何とこの少年の身柄を引き取ってくれたのです。少年のつらかったそれまでの人生を取り戻そうとするかのように、たっぷりの愛情を注《そそ》いで大切に育ててくれました。今、少年は大学生となり、彼女の自慢の息子です。

愛し合い、いたわり合う夫婦のもとに生まれて、たくさんの優しさと愛を受けて育った子どもが、いじめをすることはまずありません。また、いじめにあうことも少ないですし、いじめられたとしても、すぐに親や先生に相談して解決できます。それは、自分が愛されていることから生まれる自己肯定感が、いじめという卑怯《ひきょう》な行為の抑止力となりますし、いじめに対して戦う力ともなるからです。

＊「クラス全員が仲良し」という幻想

もう一つ書いておかなくてはならないことがあります。

これは、学校という教育の最前線で、生徒指導部の担当として、またクラスの担任として、長年このいじめ問題にかかわってきた私だからこそ、明らかにしなくてはならないことです。

じつは、学校の現場で、私たち教員に子どもたちがいじめとして相談してくる事案のほとんどが、いじめではないということです。

生徒が学校を何日か休めば、まずは担任が家族や本人に連絡をします。それでも登校できない場合は、私たち生徒指導部の担当が担任とともに動き始めます。家庭訪問です。家庭を訪れ、生徒とその親と話をします。その時、多くの生徒は、「いじめられているから」と学校に通えない理由をいいます。その内容について尋ねると、「無視された」「悪口をいわれた」「嫌われている」などといった答えが返ってきます。学校に戻ってから、名前のあがった生徒を呼んで話を聞きます。その答えも同じようで、「あの子は陰気で嫌いだから、無視した」「気にくわないから、悪口や陰口をいった」という類《たぐい》のものです。

でも、これはいじめなのでしょうか。学校で同じクラスになった生徒は、みんなお互いを好きにならなくてはいけないのでしょうか。

私はこの問題を、教員時代からずっと考え続けてきました。学校では、みんな仲良くしよう。これは、本当にそうしなくてはならないことなのでしょうか。

たしかに、担任としてクラスを受け持った時、私もそのように指導しました。成果もあげたと思います。でも、それは正しいことなのでしょうか。こう考えればわかりやすいと思います。極端な例ですが、自分の娘に、相手の男がお金や地位を持っているという理由で、その男を好きになるように強要する。これは、本当に正しいことなのでしょうか。人は、人を好きになる権利を持っていますが、人を嫌う権利も持っています。

クラスみんなが仲良くする。そんな幻想が、じつはいじめを生んでいるのではないでしょうか。

クラスみんなが、必ずしもすごく仲良しでなくてもかまわない。でも、社会の規則を守りながら一定の礼儀を持って、まわりの仲間と毎日を一生懸命生きること。いたわり合いながら、同じクラスでともに成長していくことが、大事なのではないでしょうか。私はそう考えています。

3. いじめている子も、いじめられている

＊いじめはストレスのはけ口

みなさんにお聞きしたいことがあります。赤ちゃんが「おぎゃー」と生まれてきた時、「将来、いじめをしてやろう」などと考えている子は一人もいません。どの赤ちゃんもみんな真っ白な心で生まれてきます。では、そんな純真な心を持つ赤ちゃんが、将来いじめをするような子どもになってしまうのは、なぜなのでしょうか。

いじめというのは、ある意味で、ストレスの発散です。哀しい方法ですが。心に何か嫌なことやつらいこと、怒りや哀しみがあった時、ほとんどの大人は、身近な人に愚痴《ぐち》を聞いてもらったり、お酒の力を借りて紛《まぎ》らわせたり、体を動かすことでストレスを発散したりします。大人はお金を持っていますし、自由もあります。でも、子どもの場合は、それができません。

ほとんどの子どもには、学校と家庭という二つの社会しか存在しません。昼は学校ですし、夜は家庭です。もし、所属する社会に子どものストレスの原因があっても、せめてどちらかの社会、たとえば学校に信頼できる先生がいたり、家庭に優しい母親がいたならば、子どもの逃げ場がありますから、救われる可能性はあります。しかし、所属する社会の両方に信頼できる大人や優しい大人がいないケースでは、もう逃げ場がありません。そのストレスを発散させるために、自分より弱い仲間をいじめることが始まります。じつは、いじめている子も、そのいじめに入る前には、いじめによって追い詰められていた子どもたちなのです。

こんなケースがあります。三年前にかかわった事件です。

有名な受験校の二年生の女子生徒が補導されました。その理由は、同じ高校のクラスメートのプロフィールサイトに、「死ね」「学校に来たら殺す」などと、脅迫に相当する書き込みを続けていたからです。私に相談してきたのは、補導された女子生徒の母親でした。

彼女の家庭は、父親が医師、母が専業主婦、兄と弟の三人兄弟という環境でした。兄はこの事件の時には、公立大学の医学部に進学していました。彼女はいつも両親から、この優秀な兄と比べられて育ちました。両親からは医学部に進学することを命じられ、中学、高校と勉強に多くの時間を費《つい》やす日々を過ごしました。しかし、高校に進んでから成績が伸び悩み、両親からはよく叱られていたそうです。

高校二年になって同じクラスになった一人の女子生徒と、たまたま母親同士が大学の同級生だったことがわかりました。この女子生徒はとても優秀だったため、すべての科目で彼女は女子生徒より良い点数を取ることができませんでした。その件で、また母親から責められました。彼女はある日偶然、携帯電話のプロフィールサイトでこの女子生徒のことを見つけたそうです。そして、そのサイトに自分のイライラをぶつけるように、女子生徒に対するひどい書き込みをしてしまいました。その書き込みを見た女子生徒はショックを受け、親に相談して警察に被害届を提出しました。

「何で、あの子がこんなことをしたのかわからない」という彼女の母親に、私はいいました。「あなた方が、彼女をいじめたからです。あなた方が、彼女をそこまで追い込んでしまったのです」母親は泣き崩れました。

彼女は家庭裁判所で保護観察処分を受けました。しかしその後、見事に立ち直りました。高等学校卒業程度認定試験を受け、大学に入学し、今は幸せな女子大生生活を送っています。医学部ではありませんが、今は彼女の両親も、あたたかく見守ってくれています。

＊いじめから逃れるために、いじめる

もう一つ、先日私のもとに届いたメールを紹介します。女子大生からの相談です。

「水谷先生　こんばんは。私は女子大生ですが、六〜七年前に友だちをいじめました。いじめられたこともあります。絶対にしてはいけない行為だったと反省しています。今、いじめの問題がニュースになっています。本当に胸が苦しいです。私は生きていていいのかと思ってしまいます。私は人間のクズです。これからどうすればいいのでしょうか？　いじめた子には謝りました」すぐに、私は、この彼女に電話をしました。

彼女は、中学三年の時に、ひどいいじめにあいました。クラスの中心的な女の子たちのグループから無視されたり、悪口をいわれたりしたそうです。この時彼女の選んだ解決方法は、そのグループに入ることでした。そして、小学校時代から友だちだった一人の少女を標的として、彼女も加わっていじめました。その結果、少女は不登校になり、高校にも進学しなかったそうです。今も引きこもりで、精神科の治療を受けていると聞きました。

そんな彼女は、今回の大津市のいじめ事件についての報道を見て、自分がどんなひどいことをしてしまったのかに気づきました。そして、自分がいじめた少女に謝罪の電話をしました。少女はろれつの回らない話し方で「もういいよ。気にしていないから」と、優しくいってくれたそうです。これが、彼女の心に刺さりました。そして、死まで考え、私に相談してきたのです。

私は彼女にいいました。「きちんと謝罪をした君にできることは、もう何もありません。してしまったことは事実として受け止めるしかないのです。過去は変えることはできませんから。でも、君が大人になって、いじめを許さない、いじめと戦う人になってくれれば、それが少女への一番の償いになると思います。もし、よかったら、先生になりませんか。いじめを絶対に許さない先生に」

彼女は今、教員を目指して学んでいます。

＊痛みは体験してわかるもの

私のもとには、こんな相談メールも来ています。

「水谷先生こんばんは。私は中一です。始まりは些細《ささい》なことでした。一人の女の子がいて、私と友だちはその子に無視されたりしました。

そんな私は、父親が家に帰ってこないことや、帰ってくればお母さんと喧嘩ばかりしていることで悩んでいました。

私は、たまったイライラを、やってはいけないことで発散してしまいました。いわゆる、いじめです。黒板に『さようなら〇〇』といじめた子を名指しで書いたり、その子の上履《うわば》きを隠したり。その子の悪口が書かれた紙をクラスのみんなに回したり、わざと足を引っかけて転ばしたり。単純な、遊び半分の気持ちでやっていた。だから、その子がいじめと本気で受け止めてしまっていたのに気づきませんでした。

そして今日、その子とその子の友だち七、八人に、私と友だちは呼び出されました。友だちの時は普通だったけど、私の時だけ全員に囲まれて、『キモいな、調子にのるなよ』などという脅《おど》しの言葉を浴びせられ、リンチ状態になっていました。

そう、これは、私が今までその子にしてきたことが返ってきたんだと思いました。自分が加害者だとなかなかわからないけど、人からされると、やっと人の痛みがわかる。それがいじめなんだと、今日改めてわかりました。私はもう二度と、人が嫌がることはしないと約束します。そして、私みたいな人たちがいなくなってくれることを祈っています」

私は、彼女に連絡しました。「やったことはひどいことだけど、そうやって反省できたことは、偉いよ。ただし、このままにしないで、きちんと親と先生に話して、その子に謝ろうね」と伝えました。

*いじめは愉快犯ではない

数年前に、文部科学省から、いじめを行った生徒に対して、登校停止まで含めた厳しい対処をするようにという通達が出されました。ここには、いじめを、単にいじめられた子と、いじめた子の間の問題としてとらえようとする意図が見えます。

しかし、これは、絶対に間違いです。いじめた子も、じつは、家庭や学校でいじめられた子です。いじめは決して、愉快犯的、あるいは快楽犯的なものではありません。先にも述べたように、いじめは、家庭や学校、大きく見れば、私たち社会全体が生み出してしまった社会現象です。いじめられた子やいじめた子の家庭環境、生育歴、それまでの学校の状況などが、いじめという結果を生み出しています。

いじめの原因は、その子ども自身にあるのではなく、その子どもの家庭や学校、地域などの社会にあるのです。この認識を持たなければ、いじめについての本質を理解することは無理ですし、それを解決し撲滅することなど、できるはずはありません。

第四章

いじめがもたらすもの

1．人間不信

＊他者を信じる心を育てる

いじめは、その時だけで終わるものではありません。とくに、いじめられていた子どもが、親や先生に相談したにもかかわらず、何の解決もできなかった場合には、そのいじめられた子どもの心に、人間不信の感情が植えつけられます。

私のところには、かつていじめられたことから人間不信に陥《おちい》り、苦しんでいる子どもたちからの相談がたくさん来ます。二年ほど前に届いたメールです。

「私は、高校でひどいいじめにあいました。仲間はずれにされたり、持ち物を隠されたり。何度も先生に相談しました。でも、先生は、君の思い過ごしだよっていって相手にしてくれなかった。親に相談しても、もっと強くなりなさいといわれた。

何とか、高校は卒業して大学に進学しました。でも、大学でも、みんなと仲良くなれなくて、みんなが私の悪口をいっているような気がして耐えられなくなり、中退しました。それから、いろんな仕事に就《つ》きましたが、いつも、みんなに嫌われているような気がして、つらくなってしまい長続きしません。死にたいです、助けてください」

私は彼女に、人や家族のために毎日何かすることと、もう一度大学に入り直すことを提案しました。彼女は、その理由を何度も私に聞いてきました。私は、ただ「人を信じることを学ぶため」とだけ答えました。また、彼女の母親と連絡を取り、彼女が嫌《いや》がっても、彼女の部屋でしばらくの間一緒に寝てくれるように頼みました。何もしゃべらず、ただ寄り添って眠ることを。

彼女は、良い生徒でした。うれしいメールが続きました。「先生、今朝《けさ》もお母さんと道路を掃除していたら、通りがかりのおじさんが、毎日ありがとうっていってくれた」「今日ね、夕食にビーフストロガノフっていう料理をつくってあげたら、みんながレストランよりおいしいよって褒《ほ》めてくれた」

今彼女は、もう一度大学で勉強しています。今度は自ら心を開いて、たくさんの友だちに囲まれながら学んでいます。

こんなケースもあります。メールを紹介します。

「水谷先生ですか。私は中学から高校と、ずっといじめられていました。シカトされたり、悪口をいわれたり、私のサイトに悪口や嘘《うそ》を書かれたり。でも、優しいお母さんといい先生たちに守られて、何とか高校は卒業することができました。もう、これでいじめられることはないと思ったら、幸せでした。

私は、地元のスーパーで働いています。レジ打ちの仕事です。職場の人はみんな優しいです。でも、だれかが私を見ていると、私が何か失敗したんじゃないか、だれかが近くで話をしていると、私の悪口をいっているんじゃないかと、いつもビクビクしています。もう疲れました。仕事を辞《や》めようと思います。

先生、私は、いつまでビクビクして生きなくてはならないんですか？　つらいです」

このケースでも、お母さんに事情を話しました。そして、本人とお母さんが職場の上司に、かつていじめられたこと、現在もそうやって苦しんでいることを伝えてもらいました。

正直な告白が功を奏して、上司や職場の仲間たちの理解が得られました。今、彼女はたくさんの人に守られて、再び他者を信頼する心を育てています。

＊「人は怖い」という想い込みをはずす

いじめから引きこもりになってしまった二一歳の女性のケースを紹介します。

京都からメールが届きました。「死にたい、死にたい。でも最後に先生の声が聞きたい」私は、すぐに電話をしました。

彼女は過敏性大腸炎という病気で、下痢や便秘、おなら過多などの症状が生じます。小学校のころから「おなら臭い、そばに来るな」といじめられていました。中学生になって学校に通えなくなり、それと前後してリストカットを繰り返すようになりました。高校には進学せず、家で引きこもり、自分の部屋の窓をすべて黒いビニールで覆《おお》い、真っ暗な部屋で六年間を過ごしていました。親と顔を合わせることも拒否しました。それでも、彼女の両親は優しく、彼女の部屋の前には三食のあたたかい食事がお盆にのせて用意されていました。そんな両親が、私のことをテレビで知り、娘にも知ってほしいと思って、ある朝、彼女の部屋の前にご飯とともに、私の『夜回り先生』という本を置きました。

彼女は、私の本を読みました。そして、泣きました。本に書かれていたメールアドレスに送信して返事がなければ、私は騙《だま》されたんだと思える。それなら、もう人を信じることなんてやめて死ねる。きっと返事なんて来ないだろうから、それで、この世の汚いものとお別れできる。ただ、死ぬための理由を探して、私にメールを送りました。

私は、彼女に話しました。「私は哀《かな》しい、君に死なれたら……。人のために何かしてごらん。きっと返ってくるありがとうのひと言が君の明日をつくるよ」彼女は、「そんなことできるわけがない！　私は部屋から出られない。左手だって、リストカットの傷痕《きずあと》で洗濯板みたいなんだ。先生、写メール送るから見て。こんな私には、何もできないよ。できるわけがない！」こういって電話を切りました。

しかし、その日から、ほとんど毎朝彼女から私のもとに電話が来ました。ひと晩中眠ることなく、インターネットのメンタル系の掲示板に「死にたい、助けて」と書き込み続け、明け方の眠る前に、必ず私に電話をかけてきたのです。「先生、起きてる？　私これから寝る。私、まだ生きてるよ。でも、明日は死ぬんだ」そんな言葉を私に投げかけたあと、彼女は眠りにつきました。

知り合って、ちょうど二ヵ月が過ぎたころです。早朝六時過ぎ、朝の日差しが注《そそ》ぎ、鳥たちのさえずりが聞こえ始めた時刻でした。

「先生、私のことをよく嫌にならないね。こんなに毎朝電話して」と電話してきました。私が、「大丈夫だよ。それより、こっちはとってもいい天気だよ。京都はどうだい？」と聞くと、「わかんない」というひと言が返ってきました。私は一つ頼みごとをしました。「たまには、先生のいうことも聞いてみてくれないかい。ビニールの目張りを少し破って、きれいな朝を少しだけ見てみないかい？」と話したところ、「いいよ。そのくらいならできる」といって彼女は、窓の目張りに少し穴を開け、外を見てくれました。「先生、まぶしい。でも、きれい。あっ！」彼女の少しはずんだ声が聞こえました。「どうしたの？」と私が聞くと、「先生、お隣のおばあちゃんが、ゴミを捨てようとしている。年取ったなぁ、おばあちゃん」私は笑いました。「六年間も会っていないんだからね」この日から、朝眠る前に、外の景色を眺《なが》めながら私に電話することが、日課になりました。彼女は毎朝、お隣のおばあちゃんがゴミ捨てに行くのを見守っていたようです。

二週間後、関西地方が嵐で大荒れになった日でした。いつも六時過ぎにかかってくる彼女の電話がありません。私が何かあったのかなと心配していると、電話が鳴りました。「先生、私今ビショビショなんだ」少しうれしそうな彼女の声がしました。「どうしたの？」と聞き返すと、「先生、今朝ね、お隣のおばあちゃんたら、ひどい嵐なのにゴミを捨てに行こうとしてたんだ。そしたら風に傘があおられて、倒れちゃったの。おばあちゃんぜんぜん動かなかった。私心配になって、思わず外に飛び出しちゃった。おばあちゃんのところに行って、大丈夫、大丈夫っておばあちゃんを起こしてあげた。そしたら、おばあちゃん、大丈夫だよ、少し足を痛めただけだよ。ありがとうっていってくれた。それから私のことをじーっと見つめて、大きくなったねぇ、だって。私、おばあちゃんのゴミを捨ててきてあげたよ」

その日から、おばあちゃんのゴミ捨ての手伝いと、その後に二人でお茶を飲むことが、彼女の日課になりました。それ以来、私への電話はほとんどなくなりました。

その数週間後です。夜、珍しく彼女から電話がありました。「先生、いったよね。人のために何かしてごらんって。私何かできるかな？　できたら仕事をしてみたいんだ」

私は、先輩が京都で老人ホームを経営していること、すでにそこに話を通していて、先方は洗濯の仕事を用意して待ってくれていることを伝えました。そして、彼女の両親も、人と会うのがつらいなら週に何回でも仕事場まで送迎する、といってくれていることも添えて。彼女は勧めました。そして、一週間後には、自分から介護の仕事もしたいと申し出て、入所中のあるおばあちゃんの担当となり、食事の手伝いとトイレや入浴のお世話などを始めました。

しばらくして、彼女から「先生、先生、先生！」と、初めて聞いた、はじけるような元気な声で電話がありました。私が、どうしたのかを聞く間もなく、「先生、今日ね、私の担当のおばあちゃんが、お昼にお漏《も》らししたんだ。おばあちゃんは左半身の麻痺《まひ》で車椅子《くるまいす》が必要だし、言葉もあんまりしゃべれない。おなかを壊《こわ》していたみたいで、下痢してお尻《しり》がすごく汚れちゃってた。先輩たちは、拭《ふ》いてあげればいいよっていってたけど、あんまりかわいそうだから、私が一人でお風呂場に連れてって、シャワーできれいにしてあげたんだ。そしたら、おばあちゃん、何かモゴモゴいいながら、私のことを拝《おが》むんだよ。きっとありがとう、ありがとうっていってくれてたんだ。それから、一人で車椅子からベッドに寝かしてあげたんだ。その時、服の左袖がめくれて、私のあの汚いリスカの傷痕が見えちゃった。そしたら、おばあちゃん、あって驚いた顔してから、ワンワン泣くんだ、私の左手をさすりながら……。

先生、私生きててよかった！　私でも人のために何かできるんだね。人を幸せにできるんだね。先生、明日からは左手の傷痕を隠さないよ。私が今日まで生きてきた証《あかし》だからね。先生、ありがとう」

翌日、この老人ホームを経営する先輩から電話がありました。彼は泣いていました。

「水谷、ありがとう。お前のおかげでうちのホームが変わるよ。朝のミーティングの時、あの子に、ごめんね、ごめんねと職員みんなで謝《あやま》った。うちの職員は、この子は気が利《き》かない、無口だから職場の雰囲気が暗くなると、心では良く思っていなかったらしい。

でも、昨日の出来事を、お前はもう知っているよな。みんなが、あの子のおかげで優しさを取り戻した。うちのホームは変わるよ。日本で一番お年寄りが大切にされるホームになる。お前のおかげだよ」といってくれました。私は、「先輩、彼女のおかげですよ」といいました。

子どもは、弱い存在です。一度のいじめられた体験が、その子の心に、人は怖いという想いをすり込み、自分を守るために心を閉ざし、人間不信に陥ってしまいます。この人間不信を解決するためには、とても長い時間がかかります。

2. 不登校・引きこもり

＊いじめは不登校・引きこもりの引き金

文部科学省の調査によると、平成二一年度では、全国の国・公・私立の小学校と中学校で、一二万二四〇〇人以上の不登校の児童・生徒がいます。この数字は統計的な調査が始まった平成三年度に比べて二倍近くに増えています。一方、この間に児童・生徒数は約三七〇万人も減少しています。みなさんのまわりでも、不登校の児童・生徒が一人もいない学校を探すことは困難でしょう。ちなみに、文部科学省の定義を要約すると、不登校とは「病気や経済的な理由による者を除いて、小学校や中学校で年間三〇日以上欠席した者」という内容になります。

でも、調査や定義の対象は小学校と中学校までで、高校は対象外なのです。なぜかというと、高校は義務教育でないため、学校で定めた規定以上の長期欠席をすると進級できません。そのために本当は不登校であっても、自主都合という名目で退学するしかなくなるのです。このように高校生の不登校は、国の機関では把握《はあく》できていないのが実情です。

また、厚生労働省の推計では、引きこもりのいる世帯数は約三二万世帯とされています。しかし、実際には就学年齢でない二〇代や三〇代の引きこもりの人もいるため、民間機関の推計では一〇〇万人以上、あるいは二〇〇万人近いという発表もありますが、引きこもり問題の専門家は一三〇万人ほどと推計しているようです。

じつは、この正確な数値については、どこの機関も認識していないはずです。なぜなら、本来は地域行政が引きこもっている人たちのことを把握すべきなのに、その調査がなされていないのが現状です。今までこの問題は、国からも地域行政からも放置され続けてきました。今後、この問題の調査と対策に早急に乗り出す必要があると、私は思っています。

不登校や引きこもりの問題は、日本の大きな社会問題となっています。実際に、引きこもりの問題については厚生労働省が動き始めています。日本の引きこもり人口が一三〇万人ということは、一三〇万人の社会資本としての労働人口が減り、国民健康保険や国民年金保険が壊滅的な中で、その納付者を日本は失っているということです。これは日本の経済に大きな影響を与える由々《ゆゆ》しき事態です。

この不登校や引きこもりになってしまった一番大きな原因といわれているのは、いじめです。学校でのいじめによって不登校になり、そして引きこもってしまう。このことは、さまざまな機関の不登校や引きこもりについての調査で、明確に示されています。

＊相談にも、いじめが見え隠れする

私は二〇〇四年に、水谷青少年問題研究所を設立しました。リストカットやうつ病などの心の病《やまい》に苦しむ子どもたちや、いじめに苦しむ子どもたち、不登校、引きこもりで苦しむ子どもたちの相談にのるためです。あらゆるメディアでメールアドレスを公開して、一年三六五日、二四時間態勢でその相談に応じてきました。以来、電話は数え切れず、メールのデータが示す数字は約七〇万件、かかわった子どもたちや若者たちの数は、すでに二四万人を超えました。残念ながら、わかっているだけで、かかわった人のうち、七人が殺人を犯しました。一二二人が病死や事故死、自死で亡くなり、四九人がドラッグの魔の手によって、その命を失いました。

私のもとに相談してくるケースでもっとも多いのは、不登校と引きこもりです。二番目に多いのが、いじめの相談です。先にも述べたように、不登校や引きこもりになった原因のほとんどは、いじめからです。つまり、私のところに来る相談の多くには、直接的あるいは間接的な原因として、いじめがあるということです。

こんなケースがありました。

「私は三一歳のフリーターです。今は、引きこもりです。小学五年から死を考えました。いじめにあったからです。いじめた子は近所に住む同級生です。父親にもやられました。母親はがんを患《わずら》っています。だから、学校にも家にも居場所がなかった。そのせいで中学は不登校、高校では運悪く中学二年の時に私をいじめたやつと同じクラスになってしまったから、入学してから一ヵ月で不登校になりました。当時は、殴《なぐ》る蹴《け》るの暴力を日常茶飯《さはん》に受けていたから、警察にも相談しました。

それ以来、極度の不眠症と人間不信で精神科に通院しています。病院では躁うつ病と診断されました。うつ病になってから四年くらいですが、この間に仕事ができたのは九ヵ月ほどです。

父親は元酒乱です。私は、今でもネクタイを絞めるのが怖いです。なぜかって？　一六か一七の時に父親にネクタイで首を絞められて、死ぬかと思った経験があるからです。私は死にたい気持ちと生きたい気持ちの両方を持っています。

先日、二階の窓からぼんやり外を眺めていたら、いじめたやつが子どもを二人連れて、奥さんと幸せそうに歩いていました。殺したい。絶対にあいつを殺そうと思いました。

先生、私があいつやあいつの家族を殺す前に、助けてください」

このケースでは、親の援助を期待することには無理があったので、すぐにその地域の保健所に相談をしました。彼からも相談してもらいました。その甲斐《かい》があって、今は週に三回ですが、彼は地域の精神障がい者の作業所で働いています。リーダー的な存在で、よく働いてくれています。この作業所の職員が、先日私に連絡をくれました。「水谷先生、彼は優秀な人です。もし、彼に虐待《ぎゃくたい》といじめがなかったら……。まさに虐待されている、いじめられているその時に、彼を守る人が一人でもいたらと考えると、残念でなりません」

このように私のもとには、過去のいじめによって不登校や引きこもりになってしまい、心を病んでしまった若者たちからの十数万件の相談が届いています。

＊再起、人のために生きる

もう一〇年近く前ですが、東北在住の二〇代の女性からこんな緊急を要するメールが届きました。

「夜回り先生ですか。先週、私のお父さんが自殺しました。朝起きたら、お母さんの悲鳴が聞こえた。お母さんのところに行ったら、お父さんが首を吊っていました。もう冷たかった。お母さんと一緒にお父さんを降ろしてあげて、いっぱい抱きしめました。起きて、目を開けてって。でも、だめでした。救急車を呼んだけど、乗せてってくれませんでした。入れ替わりに警察が来ていろいろ聞かれました。

先生、お父さんを殺したのは私です。私は中学の時にいじめにあって、学校に行けなくなった。高校も行かなかった。家でリストカットして、どうしようもなくなると、大暴れしていた。お父さんはいつも哀しそうな顔で抱きしめてくれた。そんな生活をもう一〇年以上続けてきた。

でも、こんな一人娘の私のために、お父さんは必死で働いてくれた。先生私ね、あるバンドの追っかけをやっている。そのバンドのコンサートがあると、お父さんはいつも一番いい席のチケットを取ってくれた。でも、お父さんの会社は二年前から景気が悪くなって、去年倒産した。狭いアパートに引っ越した。そのころからお父さんもおかしくなった。いつもお酒を飲んで、つらそうな顔をしていた。それなのに私、先週お父さんに、今度のコンサートのチケットを買ってねって無理いっちゃった。お父さんが返事してくれなかったから、私暴れたんだ。お父さんはつらそうに、ごめんなって謝ってくれたのに、嫌だ嫌だ行くんだって暴れた。だからお父さんは死んじゃったんだ。

先生、私死にたい、死にたいよ。お父さんと同じ場所で死んで、お父さんのところに行って、謝ろうと思った。でも、お母さんがいつも私のそばにいて死なせてくれない。どうして？　私悪い子なのに。生きている資格なんてないのに。お母さんが、先生のことを教えてくれた。

先生、私どうしたらいいの？」

私は、「水谷です。私にも、君がどうしたらいいのか、君のために何ができるのかわかりません。でも、できたら電話してください」と電話番号を書いたメールを返信しました。すぐに電話が鳴りました。

泣きじゃくりながら「夜回り先生、私は人殺し！　生きていちゃいけないんだ。死にたい、死にたい。お父さんのところに行きたい……」という哀しい声が聞こえました。私は、「哀しいけれど、君のお父さんを生き返らせることは、だれにもできない。でも、お母さんと君は生きています。お母さんは、今どうしていますか？　君と同じように哀しいはずです。でも、君を死なせたくない一心で、いつもそばにいてくれているのではないですか。もし、君が死んでしまったら、お母さんはどうなりますか。人は人のために生きるんです。まずは、君はお母さんのために生き残るんです」と伝え、お母さんに電話を代わってもらいました。

お母さんには、「娘さんの今の状態はとても危険です。すぐに近くの保健所に電話をして、担当者に来てもらってください。娘さんの自殺願望はとても強く、お母さん一人ではしのぎきれないことを伝えてください。そして、緊急一時保護で精神病院に保護してもらい、専門の医師たちによる治療を受けさせましょう」と伝えました。

電話からは、お母さんのきつい声が響きました。「先生は、私のもとからこの子まで奪うんですか。私は、この子が今ここにいてくれるからやっと生きていられるのに。もう先生には相談しません！」といって、電話は切れました。

半月ほどして、彼女から電話がありました。私はお母さんからいわれたひと言に、どうしようもなく非力な自分を感じていました。「どうしてた？」と、不安な気持ちを抑えながら、私は彼女に尋ねました。

「先生とのあの電話のあと、お母さんおかしくなった。私を抱きしめ、私の胸をどんどん叩《たた》いて、お前まで死んだら、お母さんはどうやって生きていけばいいの。ひと晩中そういいながら泣いていた。お母さんは翌日から気が抜けたみたいで、寝たきりになった。もう何をする気力もなくしたみたいで、お布団《ふとん》の中にずっといた。でも、私の姿が見えなくなると、狂ったように私のもとに駆け寄って、抱きしめて、泣くんだ。だから、おばさんが来て、ずっと面倒見てくれてたんだ。この二、三日は落ち着いている。

私ね、先生の本を読んだよ。お母さんが私のために買ってきてくれてた本。先生その中に書いているよね、この前もいってたけど、人は人のために生きるんだって。私、少しだけそれがわかった気がする。お母さん、私が死んだらきっと死ぬよ。お母さんを殺すことは絶対にできない。しちゃいけない。だから、私生きなくちゃならないんだよね」

この言葉を聞いて私は泣きました、うれしかったから。私はその時すでに、三〇人を超える子どもたちに死なれていました。どの命も尊《とうと》い命、決して失ってはいけないものでした。私は「生きていてくれて、ありがとう」とそっと伝えました。

その後、彼女はコンビニでアルバイトをしながら、夜間高校に通いました。そのころの将来の夢は、模索中。ただし、追っかけをしていたバンドのリーダーと結婚する夢だけは決定といっていました。お母さんは生命保険のセールスレディーとして働きました。お父さんの月命日近くの日曜日には、二人揃《そろ》って必ずお墓にお参りし、それからファミレスで三人分の食事を頼み、陰膳を供《そな》えて家族三人の食事をしたそうです。当時、私が「明日つくろうね」というと、彼女はちょっと大きな声で「うん」と答えてくれました。

＊人は変われる

沖縄に暮らす中学三年生の少女のケースです。

この子は、小学校のころからとっても内気で、友だちもできず、いつも教室ではぽつんと一人で過ごすことの多い子でした。中学一年の時、クラスの女子の一人が、「あの子暗いんだよね。何かウザい」といった言葉が心に刺さり、学校に通うことができなくなってしまいました。

私とは、沖縄の講演で知り合いました。講演が終わって楽屋口から外に出た時、少女はお母さんと二人で待っていてくれました。そして、きれいな小さい花束を私にくれました。「この子は、先生の本が大好きです。いつも力をいただいてます」とお母さんが私にいいました。私が「ありがとう」と少女の目を見つめていうと、少女は「先生、サインしてくれますか」と、私の本を出してくれました。「当然です」といって、私は「明日、来るよ」とサインしました。それからは、メールでいろいろなやりとりをしていました。

この子は、お母さんと二人暮らしですが、とっても優しいお母さんでした。「いいんだよ、無理して学校に行かなくても。お前は私の宝物。ゆっくり二人で生きていこうね」そういって、優しく守ってくれました。

家での少女の仕事は、掃除と洗濯、夕飯の支度だそうです。お母さんからいろいろな料理を教わりました。私が「ナーベラーが大好きなんだよ」とメールに書くと、「先生、私のナーベラーの料理絶対食べてね。お母さんが沖縄一だっていってくれてるんだよ」と明るいメールが返ってきました。お母さんは夜の仕事をしていました。

少女はいつもお母さんの帰りを待ち、一緒に遅い夕食を取ります。一緒にお風呂に入り、同じ布団でお母さんにしがみついて寝ていました。お母さんは毎日、「ご苦労様」そういって、少女に五〇〇円をくれました。少女はそのお金を貯金箱に貯めていました。お母さんと旅行するためです。

この子は、お母さんのためにも何としても学校に行きたい。そう考えていました。毎朝制服を着て、鞄《かばん》に勉強の用意までします。でも、おなかが痛くなり、家から出ることはできませんでした。それでも、お母さんが休みの日には、二人で買い物をしたり、映画を見たり、外で食事をしたりします。これが唯一の楽しみでした。私はお母さんとも相談し、私が紹介した精神科医の治療を受けてもらいました。

次の年の夏休みには、親娘《おやこ》で初めて本土の土を踏みました。お母さんが一生懸命積み立てていたお金と彼女が貯めたお金で、東京に来たのです。そして夢だった東京ディズニーランドを訪れ、私と再会しました。私もディズニーランドは初めてでした。少女と連れ立って歩くと、私をテレビで見たことのある人たちが、「夜回り先生、がんばってください。お嬢さんですか?」と声をかけてきます。少女は照れていましたが、うれしそうでした。

夏休みの明けた九月から、中学校に通い始めました。彼女には秘密兵器がありました。私の本です。私の本を持って、朝七時半には教室に行きます。教室を掃除し、みんなの机《つくえ》を丁寧《ていねい》に雑巾《ぞうきん》で拭きます。それが終わると、自分の机で私の本を読む。授業の間もつらくなると私の本を読む。そんな一日一日を積み重ねました。目標は定時制高校への進学でした。

そして、事件が起きました。いつものように少女が一人で教室の机を拭いていると、数人のクラスメートが教室に入ってきたそうです。緊張のあまりうずくまってしまうと、一人の女子が「いつもありがとう。机を拭いてくれているのを知ってたよ。今日はね、みんなで手伝おうって、早く来たんだ。今まで、私たち何もしてあげていなかった。いじめてごめん。ずっと反省していた。ごめんね」そういって、少女を起こしてくれたそうです。少女は「うん」と答えることが精一杯でした。その後は、みんなで泣きました。教室の入り口の陰から様子を見ていた校長先生も担任も、保健室の先生も泣きました。「先生、初めて友だちできたみたい。幸せです」このメールを読んで、私も泣きました。

いじめは、起きたその時にきちんと解決しておかなければ、子どもたちの心に一生にわたる傷を刻み込む最悪の行為です。小さなきっかけをつくってあげれば、子どもたちは容易に立ち直れます。人は変わることができるのです。まずは現場の教員がきちんと理解し、逃げることなく、他機関と連携しながら、きちんと解決していくことが重要です。

3. 自死

*ただ逃げるのではなく、戦うこと

いじめがもたらす最悪の結果は、自死です。哀しいことですが、日本では多くの子どもたちが、いじめによって自死しています。

私も相談を受け始めてから、一二二人の子どもたちを自死などによって失いました。みんな、生きていなくてはならなかった、幸せにならなくてはならなかった子どもたちです。この亡くなった子どもたちには、ある共通項があります。まずは、少年少女時代に親からの虐待や学校でいじめを受けていたこと。次に、それが原因で不登校や引きこもりになっていたこと。最後に、心療内科や精神科へ通院しており、さらにそこからもらった薬を過剰摂取していたことです。

教育の専門家を自称する人たちが、テレビや新聞などで、いじめられている子どもたちに逃げることをすすめています。学校には行かなくていいし、学校を替えてもらえばいいとも公言します。これらはあまりにも無責任な発言だと思います。私は怒りすら覚えます。

いじめは、いじめを受けた子どもの心に、深い傷を残します。とくに、それを解決せずに、ただ逃げた場合はなおさらです。

ですから、私がいじめの相談を受けた場合は、必ず戦うことをすすめます。「私も一緒に戦いますから、戦おうね。そして、きちんと決着をつけよう」と話します。まずは親に打ち明け、学校や教育委員会に連絡を取り、動き始めます。いじめが犯罪に該当する場合は、必ず警察に届けを出させます。人権侵害に該当する場合には、その地域の人権擁護課に訴《うった》えさせます。そして、ありとあらゆる人たちを動かしながら、速やかに解決をはかります。それが自死を防ぐことになりますし、多くの人が自分のために動いてくれたという事実は、他者に対する信頼感を養《やしな》うことにもなります。

じつは、「逃げる」と「戦う」は、相反するものではありません。学校を休むことによって、いったん逃げながら、でも、たくさんの人の助けを借りて戦えばいいのです。これが、いじめが発生した場合の一番の解決方法でしょう。

＊事実の隠蔽《いんぺい》は重大な犯罪

いじめが原因で、児童・生徒が自死した今までのケースを見て、私は疑問に思うことがあります。それは、ほとんどのケースで、これらの学校の校長や関係した教員が処分されていないことです。社会でもっとも安全であるべき学校という場所で、いじめという陰湿な行為が起こり、尊い命が失われたのならば、その学校関係者は、その子を守ることができなかったこと、安全な学校をつくることができなかったことについて、重大な責任があります。

また、いくつかのケースでは、学校によるいじめの事実の隠蔽までが行われています。これは、その学校の子どもたちの心をさらに傷つけ、教員や大人に対する信頼を損なうという大変な犯罪です。こんなことをした教員と管理職はもちろんのこと、その事実をもしも知っていたならば、教育委員会の幹部も自ら辞職すべきでしょう。教育に対する信頼を国民からもっとも損なう、重大な犯罪です。

今回の大津市のいじめ事件でも、まさにこれが行われました。自死した中学二年生の男子生徒が、どんな想いで階段をのぼり、そして飛び降りたのか。その気持ちを考えると、私もこんな社会をつくってしまった大人の一人として、「ごめんなさい」と謝ることしかできません。

しかし、報道から知る限り、この中学の関係者や教育委員会の人たちは、当事者である男子生徒に対しては謝っていません。これは、どうしてなのでしょうか。保身でしょうか、それとも、他に何か理由があるのでしょうか。でも、その理由すら発言していないので、明らかではありません。心の底から怒りを覚えています。

第五章

いじめにどう対処するか

1. 今いじめられている君へ

＊まわりの大人に相談しよう

今、自分がいじめられていると感じている君、実際にひどいいじめにあっている君、君たちにお願いがあります。君たちのまわりの一人でも多くの大人たちに、いじめにあっていることを伝えてください。親でもいい、おじいさんやおばあさんでもいい、担任の先生や保健室の先生でもいい、校長先生でもいい、友だちのお父さんやお母さんでもいい。身近にいる一人でも多くの大人たちに、いじめにあっていることを話してください。もし、親や先生をはじめ、身近な大人たちをだれも信じることができなかったら、警察に行こう。交番のおまわりさんでもいい、警察署の刑事さんでもいい、警察の人に自分がされていることを訴《うった》えよう。

私には哀《かな》しい経験があります。

もう一四年の月日が流れました。東北に暮らす高校二年の女の子から、いじめの相談を受けました。彼女は、体を壊《こわ》して働くことのできないお母さんと二人暮らしでした。貧しい生活でした。

高校一年生の時からいじめは始まりました。生活保護の支給金では高校の制服を買うことができないお母さんは、知り合いに頼んで、その高校の卒業生の制服をもらい受けました。彼女はそのお下がりの制服を来て学校に通いました。クラスの多くの女の子が、彼女をいじめ始めました。あだ名は「ぼろ子」。「汚いから、そばに来るな」などといわれ、ひどいいじめが続きました。お母さんに心配をかけたくなくて、彼女は必死に学校に通いました。だれにも相談できないままです。二年生になると、いじめはさらにエスカレートしました。体育の授業でバレーボールをした時のこと。彼女の打ったボールには、「汚い！」といってだれも触らなかったそうです。それを見ていた体育の教員は、この生徒たちに何の指導もしませんでした。

こんなつらい日々の中で、彼女は私のことを知り、電話で相談してきました。私は何度も、いじめられていることをお母さんに話すように、さらに、校長先生に相談するように伝えました。私からも話をするといいました。でも、彼女はそのたびに、「病気で苦しんでいるお母さんに心配をかけられない。もしも先生が、お母さんや学校にいじめのことを知らせたら、私死ぬよ」そういって、私のことを止めました。

当時の私は、まだ、いじめについて無知でした。だから、身動きできず、彼女とだけ連絡を取っていました。でも、甘かった。

彼女は、自ら命を絶ちました。あとで知ったことですが、彼女の誕生日プレゼントとして、お母さんが無理をして買ってくれた通学鞄《かばん》に、いじめている子の一人が「ぼろ子、死ね」と、油性のマジックで落書きをしたそうです。お母さんにそれを見られたくない。哀しみと悔《くや》しさの中で、彼女は家には帰らず、命を絶ちました。

私はお葬式に参列し、お母さんにこれまでの経緯をすべて話しました。お母さんは「なぜもっと早く話してくれなかったのですか！　何で、うちの娘を助けてくれなかったの！」と、私の胸を叩《たた》きながら泣きました。私には返す言葉がありません。ただ、謝《あやま》るしかありませんでした。つらい事件でした。

私は、この哀しみを二度と繰り返したくありません。もちろん、こんな哀しみをだれにも経験させたくありません。

＊いじめは決して我慢してはいけない

私の話をしましょう。

私は三歳で父を失いました。そして、山形の親戚の家に預けられました。当時の母の給料では、大都市の横浜で、幼《おさな》い私と二人で生活することは不可能だったからです。

私は小さかった時、修という名前を呼ばれたことがありませんでした。いつも、「三〇〇〇円」と呼ばれていました。母からこの親戚への仕送りが三〇〇〇円だったからです。これは幼心にも傷つきました。哀しかったです。

よそ者の私は、村でもいじめられました。標準語を話すのが物珍しかったのでしょう。村の広場の大きな木にブランコがありました。よそ者の私は、使わせてもらえません。だから、夜みんなが帰ってしまってから、私はそのブランコを漕《こ》ぎました。一生懸命漕いで、精一杯跳んだら、母さんのもとまで行けるのではないか。そう願って、必死で漕ぎました。でも、かなうはずもない夢です。いつも、哀しみを抱えて家に戻りました。

私が六歳の時です。夏休みの夜でした。いつもどおりブランコを漕いでいると、蛍《ほたる》狩りに行った村の子どもたちが戻ってきました。子どもたちはブランコに乗っている私を引きずり下ろし、ボコボコに殴《なぐ》ったり蹴《け》ったりしました。私は子どもの一人が持っていた金属製の刀《かたな》を奪い、近くにいた少女の額に切りつけました。これが、大変な騒ぎとなりました。

私は親戚の家の蔵に閉じ込められました。「こんな大変なことをしでかしたから、きっと殺される」私はそう考えました。でも、殺される前に母さんに会いたい。必死で、壁の下を鍬《くわ》で掘りました。明け方になって蔵から逃げ出し、歩いて町の駅に向かいました。そして、奥羽本線上野行きの急行列車に潜り込みました。しかし、上野駅で見事に補導されてしまいました。私は母の名前と住所を伝えました。知らせを受けた母が迎えに来てくれて、その夜は母の六畳一間のアパートで一緒に寝ました。幸せでした。でも、私が親戚や村の人からいじめられていることを知った母は、一晩中私の頭をなでながら泣いていました。

その後、私は親戚の家には戻らず、母方の祖父母のもとに預けられました。貧しいけれど、幸せな時間を過ごすことができました。


ここに自分のことを書いたのには、理由があります。君たちに大事なことを伝えたいからです。それは、いじめは絶対に耐えてはいけないということです。必ず、助けを求めてほしいのです。もし、あの時脱走して母に助けを求めなかったら、今私はどうなっているのでしょう。考えただけで恐ろしくなります。

君たちも知っていると思いますが、大津市での哀しい事件以来、日本中の大人たちが、いじめについて怒っています。何とかしなくてはと、みんなが考えています。まさに今がチャンスです。

君たちの中には、自分が我慢すればいいんだと考えている子もいるかもしれません。でもそれは、間違いです。今我慢することは、君の心に大きな荷物を抱え込むことになります。そして、それが将来、人を信じることができなくなる要因となったり、いつもだれかが自分をいじめるのではないかと思い、ビクビクして生活しなければならない大きな原因となります。いじめは、いじめられている今、絶対に解決しておかなくてはなりません。

＊本当に強い子は、いじめなんてしない

私の大切な一人の生徒のことを話しましょう。きっと君たちの心に勇気をくれます。私が夜間定時制高校で最初に担任したクラスの女子生徒です。入学式の日、そのクラスには、ダラダラと歩き何をするのも面倒臭そうな態度の生徒たちや、下を向いたままでビクビクして脅《おび》えたような態度の生徒たちがほとんどでした。だから、彼女のキラキラした目と、生き生きと動く姿は目立っていました。

最初のホームルームは、ザワザワと落ち着かない雰囲気の中で始まりました。一人ずつ教壇の上で自己紹介をしてもらいました。「俺、タケシ。趣味は暴走。恋人募集中。よろしくっ！」「喧嘩《けんか》上等《じょうとう》。いつでも相手になるぜぃ」などと、威勢のいい言葉の数々。その一方で、「……」頭を上げることもひと言も発することもできない子ど

もたちもいました。

なかなか楽しい時間でした。私はこの生徒たちを、四年間の高校生活の中でどう指導していこうかと考えていました。彼女の順番になりました。「みんな、お願いです。私の話を聞いてください」彼女はまず、こう大きな声で叫びました。横を向いておしゃべりをしていた生徒たちがびっくりして、正前を向きました。

「私は小学校の時、いじめられている一人の子をかばいました。そのせいで、今度は私がいじめの標的にされてしまいました。かばった子まで、私をいじめるようになって……。守ってくれなかった先生やいじめた人たちが信じられなくなり、みんなのことが怖くなり、不登校になりました。だから、小学校六年生の時から中学三年生まで、学校には一度も行っていません。でも、家族からは学校に行けといわれたことは一回もありません。タクシー運転手の父と家で裁縫《さいほう》の仕事をしている母は、いつも優しく見守ってくれました。私の趣味は掃除と料理、洗濯。仕事が忙しい母に代わっていつも家事をしていました。父のお弁当は今も私がつくっています。でも、去年の秋から夜眠れなくなりました。自分の将来を考えた時、このままでいいのかなって不安になったからです。夜は両親に心配をかけないように、布団《ふとん》をかぶって泣いていました。もう一度勉強をやり直したい。そう考えてある先生に相談したら、この学校をすすめられました。私は、この高校でたくさん勉強して、いっぱい友だちをつくって、必ず自分の将来の足がかりを見つけます。だから、お願いです。みんな私の友だちになってください。絶対に私をいじめないでください。私は弱い人間です。今こうして話していても、心臓はドキドキだし足もブルブル震えています。私はこの学校の生活に、自分の人生を賭けています」

彼女はそういい終えると、席に戻ってシクシク泣き始めました。クラスのみんなは一瞬あっけにとられたあと、彼女に向かって拍手を送りました。

私のもとには、学校でのいじめから逃げ、不登校や引きこもりになってしまい、今もなお、いじめを思い出しては苦しみ「死にたい」と語る、多くの人たちからの相談メールが来ます。また、いじめられるのではないかと心を閉ざし、暗い部屋の中で何年も過ごし、それでも、明日をつくりたいと救いを求める多くの人たちからの相談メールも届きます。彼らを、いじめが生み出した闇から解放するためには、とても長い年月がかかります。いじめは、逃げることだけでは、決して解決しません。だれかに相談したら、もっとひどいいじめにあうのではないか、ボコボコにされてしまうのではないかと、恐れている子もいるでしょう。でもね、いじめをする子は、弱い子です。本当に強い子はいじめなんてしません。自分が弱いから、いじめをして自分のイライラを晴らそうとするのです。

お願いです。怖がらないで、戦おう。たくさんの人たちが、君を必ず守ってくれます。次のいじめをつくらないためにも、戦おう。

2. いじめに気づいている君へ

*見て見ぬふりは、いじめているのと同じ

自分の学校やクラスでいじめがあることに気づいている君に、お願いがあります。そのことを、まずは君の親に、そして学校の先生に教えてあげてください。

君たちの中には、別に暴力はふるっていないし、ただ無視したり、悪口をいったりしているだけだから、いじめかどうかわからないと思っている人もいるでしょう。

まずは、その子が元気なのか、何かつらそうではないのか、哀しそうではないのか、観察してみてください。もしも、元気がなかったり、つらそうだったり、哀しそうだったりしたら、その子はいじめられている可能性があります。すぐに、親や先生にそれを伝えてください。あとは、親や先生が判断してくれます。

君たちの中には、「いじめに気づいているけれど、もしもそれを親や先生に話した

ら、自分もいじめられるかもしれないから怖い」と思っている子どもたちもいるかもしれません。そんな子どもたちにいっておきます。自分の身を守るために、だれかがいじめられているのを見て見ぬふりすることは、君もそのいじめに荷担していることになります。絶対にしてはいけないことなのです。すぐに、いじめの事実を親や先生に伝えてください。

君たちも、滋賀県の大津市で一人の中学二年生が亡くなったことは、知っていると思います。その学校の十数人の生徒たちから、私のもとに相談のメールが届いています。それらのメールを読んでもらえれば、いじめを見て見ぬふりすることが、君たちのこれからの人生にどんな影響を与えるかわかってもらえるでしょう。ここでは一通だけ紹介します。

「夜回り先生ですか。僕は大津のあの事件の中学校の生徒です。先生が出ていたテレビを見ました。

先生、僕は、彼がいろいろ嫌《いや》なことをされていること、知っていました。かわいそうだとも思っていました。でも、だれかに話したら、自分もいじめられるのではないかって思って、だれにも話しませんでした。彼がいじめられている時も、知らんぷりして、見て見ぬふりをしてしまいました。まさか、彼が死ぬなんて思っていなかった。きっとクラスのだれかが、担任の先生に話すと軽く考えていました。でも、彼は亡くなりました。僕はお葬式に参列しましたが、祭壇の写真を見ることは怖くてできませんでした。何で助けてくれなかったのと、責められそうで。

先生、僕はどうしたらいいんですか。僕だけ、これから幸せになっていいんですか」

私は何度も彼と電話で話しましたが、彼は今も自分を責め続けています。

＊いじめ撲滅、ピンクのシャツに込めた想い

君たちに、とっても勇気が出る話をしましょう。

二〇〇七年、カナダのノバ・スコシア州に住む一人の九年生がきっかけで始まったいじめ撲滅運動です。カナダは、日本でいえば小学校から高校までの一二年間を義務教育としています。ですから、九年生は日本の中学三年生に相当します。ある日、この生徒がピンクのシャツを着て登校したら、ホモ・セクシャルといわれ、暴力まで受けるいじめにあいました。それを知った同じ学校の一二年生、つまり日本の高校三年生に相当する二人の生徒が、町中を走り回って五〇枚のピンクのシャツやTシャツを買い求め、メールなどで友人たちにそれを着て明日登校してくれるように頼みました。次の日、学校はその数をはるかに超えるピンクのシャツや小物を身に着けた生徒たちであふれ、それ以後、この学校でいじめはなくなったそうです。

これは、マスコミの報道を通じて、またたく間にカナダ全土に広がりました。そして、現在カナダ全土では、毎年二月の最終水曜日を「ピンクシャツデー」としています。この日は、政治家や社会人から子どもたちまでがピンクのシャツを着て、いじめはこの国では絶対認めない、という意思を表明しています。勇気ある二人の生徒の行動が、国まで動かし、いじめの撲滅に役立っています。

君たちも、いじめに気づいたら、すぐ動こう。大切な仲間を守るために、大切な自分の良心を守るために。

3．今だれかをいじめている君へ

＊今すぐ事実を認め、償《つぐな》おう

この本を読んでくれているかどうかはわかりませんが、読んでくれていることを願って、今だれかをいじめている君に、私から伝えたいことがあります。

いじめは相手の人生をメチャクチャにしてしまう、場合によっては相手の命まで奪ってしまう、恐ろしい行為です。君たちは、大津市のいじめ事件についての報道で、いじめは、相手に対してどれほどひどいことかわかったはずです。

今だれかをいじめている君にお願いです。すぐに、自分のしているいじめについて親に話そう。先生に伝えよう。そして、親や先生と一緒にいじめた子の家に行って、誠意を込めて謝ろう。許してもらえることを願って。

もし、君のいじめが、相手に「死ね」といったり「学校に来るな」といったりした、相手の人権を無視する行為だったら、すぐに、親と一緒にその地域の人権擁護課に自首しよう。

もし、君のいじめが、相手を殴ったり蹴ったりしてけがを負わせるものだったり、お金を脅《おど》し取るようなものだったら、すぐに、親と一緒に警察に自首しよう。自首すれば、罪は軽くなります。

子どもでも、自分のしたことに対しては責任を取らなくてはなりません。だれかを傷つけたら、その責任を取ることは人として当然のことなのです。その責任から、絶対に逃げてはいけません。

*本当の幸せのために責任を取る

きちんと責任を取ったら、また、歩き始めよう。

人は、間違いを犯します。これはだれにでもあります。だから、罪をきちんと償えば、人はまた、明日を求めて生きる権利があるのです。君たちは、幸せにならなくてはなりません。そんな君たちの明日の本当の幸せのためには、したことの責任をきちんと取らなくてはならないのです。

だれかをいじめている君たちも、苦しんでいることを私は知っています。原因もなく大切な仲間をいじめる、そんな悪人は君たち子どもの中には、まずいません。親からの虐待《ぎゃくたい》や暴力を受けていて愛してもらえない、学校で先生から相手にしてもらえない、勉強についていけないなど、さまざまな理由があるでしょう。でも、君のつらさや哀しみは、いじめで解決しましたか？　きっと、もっとつらくなったはずです。

だれかをいじめてる君、君のつらさをまわりの大人に話そう。そして、助けてもらおう。

4. すべての親へ

＊いじめを知ったら、大騒ぎする

この本を読んでくれている、親のみなさんにお願いがあります。

週に一回はお子さんに、学校内にいじめがあるかを聞いてください。いじめで苦しんでいる子がいないかを確認してください。その時にもしも、いじめの話やいじめで苦しんでいる子の噂《うわさ》が聞こえたら、すぐに学校と教育委員会、その地域の人権擁護課、そして警察に連絡してください。できる限り大騒ぎをしてほしいのです。本当にいじめがあって、その連絡で救われる子がいれば、その子の命を守ったことになります。もしも、それが子どもの誤解だったとしても、それはそれで、いじめがなくてよかったということになります。

私のもとには、いじめを傍観した自分を責め、何年にもわたって苦しんでいる子どもたちからの相談もたくさん来ます。いじめは、いじめられた子だけではなく、それを傍観してしまった子どもの心にも大きな傷痕《きずあと》を残します。それは、何としても避けなくてはならないことなのです。

＊毅然《きぜん》と戦うことが子どもを守る

東海地方で起きたいじめによる女子中学生の自死について、そのクラスメートが相談してきたメールです。

「水谷先生。私の友だちが亡くなりました。部活でのいじめが原因です。私は、彼女から何度も相談されていました。でも、何もできなかった、しなかった。もしかかわって、自分までいじめられるのが怖かったから。

友だちが亡くなってから、大変なことになりました。テレビや新聞の人がたくさん私たちに聞いてきました。私は、まず先生に相談しました、いじめを知っていたことを。でも先生からは、黙っているようにといわれた。親にも相談しました。そしたら、かかわらないようにといわれた。

このままでは、友だちがかわいそう。もう、先生や親は信じられません。水谷先生、私はどうしたらいいか教えてください」

この子の苦しみを、先生や親はどう考えるのでしょうか。この心の傷は、一生この子に残ります。それに対して、どう責任を取るのでしょうか。

すべての親御さんにお願いです。いじめに対して、あなたが毅然として戦う姿は、必ずあなたのお子さんに人を信じることの大切さを教え、大人が自分たち子どもを必ず守ってくれるという信頼の心を育てます。それが、子どもたちの明日に大きな影響を与えます。

私は、子どもが家庭で、学校でいじめが起きていることを話しても、「かかわるな。お前もいじめられたら損をするだろう」と答えた数多くの親たちを知っています。その子どもたちの多くは、人間不信に陥《おちい》っています。

いじめは、決して他人事ではありません。今、あなたの子どもがいじめられていないとしても、次のいじめの標的は、あなたの子どもかもしれません。いじめは、根底からなくさなくてはいけないのです。そのためにも、ぜひ力を貸してください。動いてください。大切なお子さんの明日の幸せのために。

＊ＰＴＡの権限でもっと学校に関与する

児童や生徒を持つ親のみなさんは、ＰＴＡの会員として、学校運営に参加していま す。このことを意識している親は少ないのですが、じつは、ＰＴＡは学校運営に参加できる権限を持っています。校長や教員に不適切な行動があれば、それを教育委員会に報告して、改善させたり処分させることもできます。ぜひ、もっとお子さんの在籍する学校の教育に対して、関与してください。独自にいじめのアンケートを実施し、調査することも、いじめの予防と早期発見の大きな力になります。

また、いじめが発生した場合は、学校や教員と話し合いの場を持ち、その背景や対処について、意見を述べることも大切です。

学校は、みなさんの大切なお子さんの命を預けている場所です。そこを、いじめのない安全な場所にするための努力をしてください。

5. 学校関係者へ

*文科省はいじめの定義を見直して

まずは、文部科学省にお願いがあります。第一章で述べた理由から、早急にいじめに対する定義を見直してほしいのです。

いじめと人権侵害、刑事・民事にかかわる犯罪とを、きちんと区別し、それぞれに対する学校としての対処法をきちんと示してほしいと考えています。その際には、決して、文部科学省の中だけでいじめの問題を解決しようとしないこと。これができなかったことは、過去からのいじめ問題がまったく解決できていないという歴史が証明しています。法務省や警察庁、内閣府との連携において、速やかに、いじめに学校現場がどう対応すべきかを明示してほしいと考えています。

では、学校が独自に、自ら解決しなければならない、解決できるいじめとは何なのでしょうか。このことを文部科学省はきちんと理解し、把握《はあく》しているのでしょうか。

すでに繰り返し述べたとおり、ある児童・生徒が、同じ学校の他の児童・生徒に対して、「死ね」といったりネットに書き込んだりすれば、それは人権侵害です。速やかに、法務省の人権擁護局に通報し、その力を借りて、その解決に当たらなければなりません。

また、ある児童・生徒が、同じ学校の他の児童・生徒に対して、暴力をふるってけがを負わせたり、金品を脅し取っていたら、それは犯罪です。速やかに、所轄の警察署に通報し、警察、家庭裁判所、児童相談所の力を借り、その解決に当たらなければなりません。それをした児童・生徒には、家庭裁判所の処遇措置によって、したことに対する償いを科し、その児童・生徒が事件を起こすことになった原因として、家庭も学校もしかるべき処分を受けるべきものです。

文部科学省は、この人権侵害や犯罪に当たる行為のいじめと、無視をする、悪口をいうなどの本来学校でいじめとして考えていたものを、混同しています。そのすべてを学校で対処するように仕向けていることが、いじめの問題をより複雑化させ、解決を遅らせる原因となっているのです。その結果、自死を選ぶ哀しい子どもたちを生み出すことになってしまいました。

＊教育委員会は人権擁護局や警察と連携を

次に、全国各地の教育委員会にお願いがあります。いじめについての報告があった場合には、どんな些細《ささい》なものであっても、必ず、人権擁護局や警察と連絡を取ってください。そして、速やかに解決してください。

大津市のいじめ事件の場合、大津市と大津市教育委員会は、第三者委員会を設置して、いじめの実態の調査に入りました。でもこれは、税金の無駄遣《むだづか》いです。委員会を設置しなくても、人権擁護局や警察の力で、事件についてきちんとした調査ができるのですから。なぜ、今回の事件の場合はそれをしないのでしょうか。私には、教育委員会の領域に他機関の関与を避けたいという思惑《おもわく》が読み取れます。教育の現場において、いじめられた子も、いじめた子も、等しく大切な子どもです。どちらも守らなくてはいけない子どもなのです。

先にも述べましたが、この立場にある学校が、いじめに対して客観的に対応することなど、できるはずはありません。また、一度いじめ事件が発生すれば、学校もそのいじめの当事者です。当事者が客観的にいじめに対処することなど、できるはずがありません。これを、教育委員会はきちんと理解していません。そして、いじめを解決できないどころか、最悪の事態を生み出しています。

*教育委員会不要論は間違い

ここで、一部の著名な教育の専門家が語っている、教育委員会不要論について触れておきます。教育委員会制度は、一九四八年にアメリカ教育使節団の要請によって設置されました。その意図は、戦前の国家による教育の統制を廃し、地方自治体の独自性の中で、民主主義教育を実践することにありました。

たしかに、多くの問題や弊害は生じました。まずは、教育委員会の二元制の問題です。小・中学校、すなわち義務教育校の人事権に関しては、都道府県の教育委員会が握っているにもかかわらず、その教育内容については、市町村の教育委員会が握る。

これは、じつに非効率的ですし、現場の教育にさまざまな混乱を生み出す原因にもなってきました。これについては、これまでに多くの議論がなされてきました。現行の教育委員会制度には、たしかにたくさんの問題があります。

しかし、もし教育委員会をなくし、すべての教育に関する権限を地方自治体の首長にゆだねたらどうなるのでしょう。首長が変わるたびに教育方針は変わり、政治的に偏向している首長が選挙によって選ばれた場合、教育の現場では偏向教育をしなくてはならなくなるのでしょうか。少数ですが、現在もこのようなケースがいくつかの市町村で見られます。でも、これは危険なことです。

また、戦前のように、教育のすべての権限を国、すなわち文部科学省が持ったらどうなるのでしょうか。政権が変わるたびに教育方針が変わり、教育現場は混乱の極《きわ》みになるでしょう。これは、現在の日本の政治を見ていれば明らかです。

現行の教育委員会制度には、問題があります。大津市のいじめ事件に関していえば、大津市教育委員会の対応に問題があることは明確です。だからといって、教育委員会は不要だといってしまうのは、あまりに短絡的な意見ではないでしょうか。この問題は、国民全体で、国会の場できちんと討論されるべき問題であって、感情論で語るべき問題ではないと、私は考えています。感情論で語ることは間違いです。

＊学校はいじめの当事者であり、加害者

最後に、教育現場の先生方にお願いがあります。毎日教室や廊下で、子どもたちのことをたくさん見つめてあげてほしいのです。

じつは、虐待されていたり、いじめにあっている子どもを見つけることは簡単です。虐待やいじめは、子どもから生きる力や目の輝きを奪います。虚《うつ》ろな目で力なく歩いている子がいたら、必ず虐待やいじめを受けています。教室でぽつんと肩を落として座っている子がいたら、それも虐待やいじめにあっている子どもです。

もしも、そんな子どもに気づいたら、まずは寄り添ってあげてください。言葉はいりません。自分の仕事の手伝いをさせたり、少し勉強を教えてあげたり、自分のことを話したり……。虐待やいじめにあっている子どもは、人間不信に陥っていますから、すぐには応えてくれないかもしれません。でも、日々、丁寧《ていねい》に人間関係をつくってい

けば、必ず自ら心を開いて相談してくれます。それを待つのです。しかも、教員がいつもその子のそばにいることは、いじめを防ぐ効果もあります。

　また、もし、学校でいじめについての情報が入ったり、実際にいじめ事件が起きた場合には、学校だけで抱え込んで解決しようとしないでください。すぐに、教育委員会、ＰＴＡの幹部、地域の警察の生活安全課少年係、地域の人権擁護課の職員、地域の人権擁護委員、そして児童相談所の担当者を集めて、そのいじめに対して、どのように対処するかを話し合ってください。学校だけで解決できるもの、また、すべきものなのか。刑事・民事の犯罪を含み、警察が関与・捜査すべきものなのか。人権侵害に該当し、人権擁護局が動かなくてはならないものなのか。背景に家庭での虐待等の問題があり、児童相談所が動くべきものなのか。これらを明確にしてください。

　学校には、また教員には、いじめに対してできることに限界があります。いじめを予防するように教育することは、当然学校現場の仕事です。しかし、これまで繰り返し述べたように、いじめ事件が発生してしまえば、学校自体もその当事者であり、厳しい言い方になりますが、加害者でもあります。いじめの当事者、加害者である学校が、きちんとした対応や解決方法を導けるはずはありません。

*学校と教員は、いじめの責任を取る

そして、いじめに関する事件が自分の学校で起きた場合、校長はもちろんですが、関係した教員もきちんと自らを処分してください。

今まで、日本では数え切れないほど多くのいじめ事件が発生しました。しかし、その事件に関与した教育関係者が処分を受けたことはほとんどありません。あったとしても、職場を異動させられたぐらいです。これでは、その学校の児童や生徒、親たちからの信頼を失います。

社会の中でもっとも安全で、子どもたちの笑顔があふれているのは学校です。その平和で安全であるべきはずの学校で、子どもたちから笑顔を奪い子どもたちの安全を脅《おびや》かす、いじめという事態が起きてしまった以上、その第一の責任は、学校と教員にあります。これは、逃げることのできない責任です。その責任を学校と教員は必ず取ってください。学校の健全化のためにも、自ら責任を取ることは重要です。

6．関係機関の人たちへ

＊人権擁護局はもっといじめに介入すべき

まず、法務省人権擁護局にお願いです。

いじめは、人権侵害の項目にきちんと加えられています。いじめについての事件が起きた場合は、必ず介入してください。

全国各地には、法務省人権擁護局の出先機関として、八つの法務局に人権擁護部と、四二の地方法務局には人権擁護課が置かれています。さらに、法務省から委嘱を受けた約一万四〇〇〇人の人権擁護委員もいます。人権擁護委員は学校のあるすべての地域に配置されています。

法務省人権擁護局はこの人権擁護委員を学校に派遣し、そのいじめに関しての調査をきちんとしてください。人権擁護局は、単にいじめの当事者の子どもたちだけではなく、学校の体制や家庭の状況まで、調査する権限があります。その制度と権限を使って、きちんといじめの背景や原因まで突き止め、その解決に当たってください。これができるのは、人権擁護局と警察、児童相談所しかありません。

数年前に起きた事件です。

一人の女子高生が、授業中校舎から飛び降りて自死しました。その後、この女子高生の携帯の履歴に、数人の生徒たちからいじめられていたことがわかるメールが見つかり、それを父親が公開しました。学校は名前のあがった生徒たちや全校生徒に調査を行いましたが、いじめの事実は確認できませんでした。そして、裁判に入りました。いじめていたと名指しされた生徒たちは学校に通えなくなり、心を病んでしまう子までいました。

この高校の校長は、私の知人でした。さらに、この高校では私の教え子が教員として働いていました。私は校長と彼に連絡しました。彼らは、憔悴《しょうすい》していました。

「水谷先生、いくら調べてもいじめの事実はないんです。亡くなった子もいじめたとされた子も、本当に仲の良い友だちだった。どうしたらいいのかわかりません。このままでは、名前をあげられた生徒たちが潰《つぶ》れてしまいます」と、切羽詰《せっぱつ》まっていました。私は、人権擁護局を動かすことをすすめました。

人権擁護局の半年にわたる調査が行われ、いじめはなかったことが報告されました。亡くなった原因は、別のところにあったのです。

このように決着はつきましたが、名指しされた子どもたちの心には深い傷が残りました。この校長は今でも、この子どもたちの心のケアをしています。

*学校に人権擁護局の分室の設置を

もう一つ、法務省にお願いがあります。

ぜひ、全国の各学校に人権擁護委員が、週に何回か常駐する、人権擁護局の分室をつくってください。

今、日本の児童・生徒数は減少したため、学校には空いている教室があります。その教室の一つを分室として活用するのです。子どもたちの相談にのったり、学校を巡回していじめの予防に当たったり、アンケート調査を独自に行い、いじめの実態を調査したりしてください。

これは、今すぐできることですし、しかも、もっとも優《すぐ》れたいじめの予防対策となります。

＊警察、家裁はいじめを軽く考えず、きちんと介入を

次に、警察、とくに生活安全課少年係の人たちにお願いです。

子ども自身や親から、いじめについての相談があった場合は、立件できるかできないかを勝手に判断しないでください。本来、その判断をすべき機関は、検察のはずです。警察には、必ず調査をしてほしいのです。そして、そのいじめに刑事の触法及び犯罪行為があった場合は、速やかに捜査してください。

いじめは、子どもたちの命を奪う可能性のある重大な犯罪です。決して軽く考えないでください。

さらに、家庭裁判所の調査官と判事にもお願いがあります。いじめ事件によって、加害者の子どもの審判に入る前に、きちんとその子どもの家庭状況や生育歴、学校での状況を調査してください。理由もなくいじめをする子どもはいません。必ずいじめに至る原因があります。それをきちんと明らかにしてください。

親からの虐待やネグレクトがその原因となっていたら、きちんと親に対して指導をしてください。学校に問題がある場合は、教育委員会に伝えて改善させてください。これが、その後のいじめの予防に大きく役立ちます。

＊児相は学校の虐待にも法的措置を

最後に、児童相談所の人たちにお願いです。

児童相談所は子どもを守るために、家庭や学校に対して問題があった場合は、その改善を要求し、それができないケースでは、法的措置を取れる権限を持っています。それをもっと使ってください。

家庭での虐待に関しては、全国の児童相談所が必死に活動しています。その姿には、頭が下がります。しかし、学校という場での虐待、つまりいじめについては、何もしていないのが現状です。

もっと介入してください。それが、子どもたちの命を守ることになります。

7. すべての人たちへ

＊怒るだけでは、いじめはなくならない

いじめに関する事件が起こるたびに、マスコミはこぞってそれを報道します。そして、そのニュースや記事を見た多くの人たちは、いじめで亡くなった子どもに対して、かわいそうなことをしたと同情します。その一方で、その人たちは、いじめていた子どもたちに対して、何てひどいことをしたんだと怒ります。たしかにこれは、人として当たり前の感情です。

しかし、いじめは、単にいじめられた子といじめていた子の間の個人的な問題、事件ではありません。先に述べたように、いじめていた子も、それまでの人生でうっ積したたくさんの憤《いきどお》りを抱えています。いじめていた子も、じつはかわいそうな子なのです。

でも、これを多くの人たちは、見誤ります。そして、怒りという感情のままに動き始める。大津市のいじめ事件は、まさにこの状態になってしまいました。

事の発端は、被害者の関係者からマスコミに送られたこの中学校の生徒たちのアンケートでした。あるテレビ局のミスによって、アンケートに書かれていた、いじめたとされている子どもたちの名前が報道されてしまいました。この子どもたちの名前を確認した多くの人たちが、ネット上に書き立てました。子どもたちの名前、親の職業、家族構成、家族の写真や自宅の写真までもが流出しました。中には間違った情報もあります。これによって、加害者といわれた子どもたちの兄弟が学校に通えなくなったり、夫婦が離婚する事態に陥ったり、親の会社の経営に大きな影響を与える事態となってしまいました。

これは、ネットを使ったいじめではないでしょうか。いじめというより、もはや犯罪です。個人情報を無責任にネットに流す。こんな卑怯《ひきょう》ないじめ、悪質な犯罪はありません。しかし、ネット上では、われわれがこうやって暴いたから警察が動いた。市や国が動いたという勝利宣言までなされています。

これは、完全に間違いですし、絶対にやってはならないことです。大津市の事件は、すでに警察が介入し、捜査をしています。いずれ、家庭裁判所でしかるべき判断がなされることでしょう。

*今一度、いじめについて冷静に考える

いじめた子どもは、いじめればいい。ネットでこの問題に関係した人は、そう考えているのでしょうか。哀しいことです。その人自身が、もっとも忌《い》むべき、いじめをする人となってしまっています。いじめでは、いじめをなくすことなどできません。さらなる、いじめを生むだけです。

みなさんにお聞きしたい。いじめをしたといわれている子どもたちの兄弟に、何か罪はありますか。今、罪もない子どもたちが、苦しんでいるのです。だれが責任を取るのでしょうか。

すべての人たちにお願いです。

いじめについて感情的になることはやめて、冷静に考えてください。信頼のおける

情報を集め、何が行われていたのか、本当にあったことだけをしっかりつかんでください。

そして、動きましょう。自分のまわりからいじめをなくすために。

おわりに

最後まで読み通されて、どんな読後感を抱かれましたか。

わたくしは、もう子どもも社会人となり学校とは直接かかわりはなくなりましたが、いじめを単に評論するだけではなく、いじめをなくしていくためにできることがあれば少しでも行動しなければ、という思いに駆られました。みなさんはどうですか。

小社で水谷先生の本を初めて出させていただいてから、一二年、この本で一五冊目となります。どの本も鋭い指摘と有益なアドバイスにあふれていると思っておりますが、今度の本は、圧倒的なインパクト、明快な論理、そして諄々《じゅんじゅん》と畳みかける説得力で際立っています。それはなぜなのか考えてみました。

一つは、この本がエッセーや講演を再編集したものではなく、問題を体系的にとらえて、一気に書き下ろしたことにあると思います。最初の一行から最後の一行まで、読者の心を引き込んで離さない起承転結の奔流があります。

しかしこれは、形式、容《い》れ物のことです。本書が私たちの琴線にビンビン響くのは、紹介されているエピソードや提案が、すなわち中身がきわめてリアルで具体的であるからにほかなりません。たとえば、第二章の2.の家庭状況で紹介される青年の「まじめに生きてどうなるの。……今が楽しけりゃいいんだ。あとがだめなら、死ねばいいんだ」の台詞《せりふ》のリアルさが胸に重く響きます。また第三章の3.で紹介されている女子大生。中学時代にいじめた罪悪感に苛《さいな》まれ死をも考えた彼女が、著者のアドバイスで「いじめを許さない、いじめと戦う人になって償《つぐな》う」べく、教員の道を目指すという事例も、人間は苦悶をバネに生き直しができることが実感でき、大変感動的です。

具体的といえば、真骨頂は第五章でしょう。とくに「6.関係機関の人たちへ」は圧巻です。「法務省人権擁護局へ」「警察、とくに生活安全課少年係の人へ」「家庭裁判所の調査官と判事へ」「児童相談所の人たちへ」と、それぞれ具体的にどう動いてほしいかお願いしています。これらは、どれも夜間定時制高校赴任以来、いじめ・不登校・自死の相談とその解決に、ある時は親や教師を告訴させてまで体を張って献身してきた、夜回り先生にしか書くことのできない実践的知恵なのです。

ここまで来て、読者の違和感の声が聞こえてきそうです。「そうかもしれないが、この本で一番インパクトがあり、目からウロコなのは、第一章のいじめとは何かではないか」と。わたくしも、じつはそう思っています。本書の真髄はやはり第一章です。いじめ現象を、「不健全な人間関係」「人権侵害」「犯罪」の三つのカテゴリーに分け、学校で対応すべき（できる）のはシカトなど「不健全な人間関係」だけなのに、文科省はすべてをいじめのごとく定義し、解決できっこない学校に何もかも抱え込ませているところに問題の根源がある。この分析と論理はきわめて明晰で説得的です。

そうです、夜回り先生は単なる「夜の町の聖者」「体を張った活動家」だけではないのです。現象哲学を修め、それを実践している哲学徒なのです。著者の身体と頭脳は、実践と論理をつねに緊張させながら哲学しています。と考えると、第一章に結晶した命題は、著者のこれまでの全活動のエッセンスといっても過言ではありません。
本書の提案、たとえば第五章の3.の提案の一つ「君のいじめが……相手の人権を無視する行為だったら、すぐに、親と一緒にその地域の人権擁護課に自首しよう」などというのは非現実的であり得ない、と思われる方もいるでしょう。ですが、これも著者の子どもに対する絶対的信頼に基づいた実践哲学的発言と、受け止めています。

自分が多少ともかかわった本を褒《ほ》めすぎたという感がしないわけでもありませんが、率直な心境を吐露させていただきました。この本の普及が、いじめの解消にいささかなりとも役立つことを祈ってやみません。

末尾になりましたが、デザイナーの桂川潤氏、エディターの成保江身子さんに今回も格別のお力添えをいただきました。まことに有り難うございました。

（日本評論社会長　林克行）

●著者略歴
水谷　修（みずたに・おさむ）
1956年、神奈川県横浜市に生まれる。上智大学文学部哲学科を卒業。1983年に横浜市立高校教諭となるが、2004年9月に辞職。在職中から継続して現在も、子どもたちの非行防止や薬物汚染の拡大防止のために、「夜回り」と呼ばれる深夜パトロールとメールや電話による相談をおこない、講演活動で全国を駆けまわっている。
著書には『夜回り先生』『夜回り先生と夜眠れない子どもたち』『こどもたちへ　おとなたちへ』（以上、小学館文庫）、『増補版さらば、哀しみのドラッグ』（高文研）、『夜回り先生の卒業証書』『夜回り先生　こころの授業』『あした笑顔になあれ』『あおぞらの星』『あおぞらの星2』『いいんだよ』『夜回り先生からのこころの手紙』『夜回り先生50のアドバイス　子育てのツボ』『夜回り先生　いのちの授業』『ありがとう』（以上、日本評論社）など多数ある。

夜回《よまわ》り先生《せんせい》　いじめを断《た》つ

2012年10月15日　第1版第1刷発行

著　者　水谷　修
発行者　黒田敏正
発行所　株式会社 日本評論社
〒170-8474　東京都豊島区南大塚3-12-4
電話03-3987-8621（販売）
FAX03-3987-8590（販売）
振替00100-3-16　http://www.nippyo.co.jp/
装　丁　桂川　潤
写　真　疋田千里
印刷所　精興社
製本所　難波製本

ISBN978-4-535-58644-4　Printed in Japan